经典中漫步

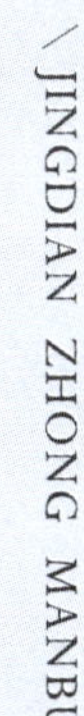

4

主编 徐名印

亲爱的同学，当你打开这本书时，你就开启了一段惬意的旅程。从相遇、相知，到相伴前行，淡淡的书香将一直萦绕在你身边。

在初中语文教材里，你会读到许多名篇佳作，你将会沉浸在充满智慧、有温度的文字世界中，语文素养自然会得到提升。面对神秘奇幻的自然、日新月异的世界、渐趋丰盈的人生，每册教材中的二十几篇课文，恐怕很难再满足你的阅读需求，你的阅读理应更广泛、更自由、更专业。如何让课内外读物有机融合成滋养你成长的沃土？如何让点滴的阅读收获汇聚成助推你遨游书海的动力？我们汇聚全国各地的名师，在研读教材的基础上精选文章，设计帮你实现高效阅读、自主学习的平台和支架……

于是，便有了摆在你面前的这本书。

这本书分为经典诵读、单元学习、整本书阅读三个板块。

第一个板块是“经典诵读”，所选古诗词历久弥新。针对诗词中可能会给你造成阅读障碍的生字难词，我们加注了读音和注释，且辅以专业诵读音频供你赏听以及鉴赏资料供你查阅。希望你能利用每天的晨读或其他课余时间反复诵读，持之以恒，假以时日，定能厚积薄发。

第二个板块是“单元学习”，我们精心挑选了一组与课文主题相关的文章，组合成一个阅读单元，让你在学习课文的基础上拓展阅读更多佳作；针对教材中的每个写作主题，我们也选取了相应的文章（含片段）组成单元，为你的写作指引方向或触发灵感。其中“范文阅读”“组文阅读”“自由阅读”和“类文阅读”四个小标签可提示你采用不同的方式进行阅读。选文之外还附有单元导语、旁批、学习提示、单元学习任务等助读工具，为你的自主阅读提供助力。

带有“范文阅读”标签的文章最贴近教读课文的学习要点，你可以在学过教读课文后，参看这些范文中的旁批和文后的学习提示进行阅读，习得课内所学。

带有“组文阅读”标签的文章都与教读课文主题相关，帮助你在多篇文章的比较阅读中拓宽视野、发展思维、形成能力。阅读时，你可以参看文后的单元学习任务，运用阅读所得解决实际问题，提升语言文字的实际运用能力。

带有“自由阅读”标签的文章与自读课文相关联，你可以根据自己的需要、兴趣自主选择阅读，多读、少读、深读、浅读皆可，如能养成边读边做批注的习惯，你会邂逅更多精彩与惊喜。

带有“类文阅读”标签的是一组与单元写作要求相匹配的文章。这组文章的首篇附有旁批，配合单元写作重点为你的写作实践提供技巧点拨。

第三个板块是“整本书阅读”，推荐书目多为《义务教育语文课程标准（2011版）》中建议初中生阅读的名著。我们设计了“阅读导航”“精彩选篇”“阅读规划”“交流平台”等助读工具，若能激发你的阅读兴趣，为你提供科学的方法指导，助你养成主动阅读整本书的习惯，我们将由衷地感到欣慰。

愿这本书能陪伴着你在阅读的黄金时期，与经典交流，与大师对话，帮助你积累知识，开阔视野，丰富心灵，培育精神，做睿智、优雅的人！

顾之川

经典诵读

第一单元　情系祖国

第二单元　革命精神

自由阅读

第三单元　生活哲思

自由阅读

第四单元　意象之美

范文阅读

组文阅读

第五单元　学习扩写

第六单元　透视现实

第七单元　反转人生

第八单元　别样人物

自由阅读

第九单元　乡土风情

自由阅读

第十单元　审题立意

类文阅读

整本书阅读

经典诵读

在经典中浸润，在诗海中徜徉，让心灵开始一次雅韵悠长的旅程。从《诗经》到宋词，从田园到边塞，从婉约到豪放，从现实主义到浪漫主义……那些作品，或率真质朴，或清幽缠绵，或慷慨刚健，或隽永蕴藉，寄托了中华儿女的家国情怀，传承着博大精深的中华文明。

有了诗词的濡染，我们的学习自当渐入佳境；有了经典的浸润，我们的生活定会异彩纷呈。

扫码收听朗诵音频

1. 短歌行

⊙〔东汉末〕曹操

对酒当歌，人生几何？譬如朝露，去日苦多。
慨当以慷，忧思难忘。何以解忧？唯有杜康①。
青青子衿②，悠悠③我心。但为君故，沉吟④至今。
呦呦⑤鹿鸣，食野之苹。我有嘉宾，鼓瑟吹笙⑥。
明明如月，何时可掇⑦？忧从中来，不可断绝。
越陌度阡，枉用相存⑧。契阔⑨谈宴，心念旧恩。
月明星稀，乌鹊南飞。绕树三匝⑩，何枝可依？
山不厌高，海不厌深。周公吐哺，天下归心。

---

① 杜康：相传是最初造酒的人。这里代指酒。

② 衿（jīn）：衣领。

③ 悠悠：长久的样子，形容思虑连绵不断。

④ 沉吟：低声吟咏和思索，意谓整日在心头回旋。

⑤ 呦（yōu）呦：鹿鸣声。

⑥ 鼓瑟吹笙：弹琴吹笙。瑟、笙，两种乐器名。

⑦ 掇（duō）：拾取。

⑧ 枉用相存：屈驾来访。枉，屈驾。用，以。存，问候。

⑨ 契阔：久别重逢。

⑩ 匝（zā）：周。

曹操平定北方后，率百万雄师，饮马长江，与孙权决战。这一夜明月皎洁，他在大江上置酒设乐，宴请诸将。酒酣，曹操取槊立于船头，慷慨而歌，歌词就是这首《短歌行》。“对酒当歌，人生几何？……何以解忧？唯有杜康。”这是曹操对人生短促的感叹，战争频仍，大业未成，因而诗人产生了一种时间上的紧迫感。诗人珍惜有生之年，思及时努力，干一番轰轰烈烈的事业。魏源说得好：“对酒当歌，有风云之气。”要治国平天下，首先要有经天纬地之才，此时曹操“破荆州，下江陵，顺流而东也”，他更迫切地需要辅佐自己打天下的人才，所以当此月明星稀之夜深情相思。“呦呦鹿鸣，食野之苹。我有嘉宾，鼓瑟吹笙”这四句表达了自己期待贤者的热忱。“明明如月，何时可掇”又把贤者比为高空的明月，光照宇内，可望而不可即，不由得使人“忧从中来，不可断绝”。诗人感谢“越陌度阡”远道而来的贤士们屈尊相从，在今日的宴会上促膝谈心，真感到莫大的快慰！可还有大批贤士如南飞的乌鹊，择木而栖，绕树三匝，还未有最后的归宿，于是曹操对天下贤才发出由衷的呼唤：“山不厌高，海不厌深。周公吐哺，天下归心。”这四句诗气魄宏伟，感情充沛，表现出曹操这位雄才大略、宽大胸襟的人物一统天下的进取精神。

扫码收听朗诵音频

2. 从军行七首（其五）

⊙〔唐〕王昌龄

大漠[①]风尘日色昏，红旗半卷出辕门[②]。
前军夜战洮河[③]北，已报生擒吐谷浑[④]。

赏析

这是一首描写边关将士生活的七绝。此诗格调高昂激越、乐观向上。从描写看，诗人所选取的对象是未和敌军直接交手的后续部队，而对战果辉煌的“前军夜战”只从侧面带出。这是打破常套的构思。如果改成从正面对夜战进行铺叙，就不免会显得平板，并且在短小的绝句中无法完成。现在避开对战争过程的正面描写，而从侧面进行烘托，就把绝句的短处变成了长处。它让读者从“大漠风尘日色昏”和“夜战洮河北”去想象前锋的仗打得多么艰苦，多么出色；从“已报生擒吐谷浑”去体味这次出征多么富有戏剧性。一场激战，诗人并没有写得声嘶力竭，而是以轻快跳脱之笔，通过侧面的烘托、点染，让读者去体味、遐想。这一切，都在短短的四句诗里表现出来，王昌龄在构思和锤炼文字上的功夫，怎能不令人叹服！

① 大漠：指广阔无边的沙漠。

② 辕门：军营正门。

③ 洮（táo）河：在今甘肃省东南部。

④ 吐谷浑：中国古代西部少数民族名。此处借以泛指进犯之敌的首领。

扫码收听朗诵音频

3. 琵琶[1]行（节选）

⊙〔唐〕白居易

轻拢慢捻抹复挑[2]，初为《霓裳》[3]后《六幺》[4]。
大弦[5]嘈嘈[6]如急雨，小弦[7]切切[8]如私语。
嘈嘈切切错杂弹，大珠小珠落玉盘[9]。
间关[10]莺语花底滑，幽咽泉流冰下难。
冰泉冷涩弦凝绝，凝绝不通声暂歇。
别有幽愁暗恨生，此时无声胜有声。
银瓶[11]乍破水浆迸，铁骑突出刀枪鸣。
曲终收拨当心画，四弦一声如裂帛。

---

① 琵琶：乐器名。

② 轻拢慢捻抹复挑：轻轻地拢，慢慢地捻，一会儿抹，一会儿挑。拢、捻、抹、挑，都是弹琵琶的指法。

③《霓裳（cháng）》：即《霓裳羽衣曲》。

④《六幺》：当时京城流行的曲调名。

⑤ 大弦：琵琶上最粗的弦。

⑥ 嘈嘈：形容声音浊杂粗重。

⑦ 小弦：琵琶上最细的弦。

⑧ 切切：形容声音轻细且急促。

⑨ 大珠小珠落玉盘：指大弦、小弦交错弹拨，发出的声音有高有低，有急有缓，像大小不同的珍珠跳落玉盘上敲出的各种声音那样圆润、连贯、清脆。

⑩ 间（jiàn）关：鸟叫声。

⑪ 银瓶：汲水的器具。

写琵琶女演奏琵琶名曲《霓裳羽衣曲》和《六幺》，这原是一件难事，但诗人写得很巧妙：他只写了三个有代表性的乐段，并运用生动的比喻同时诉诸读者的视觉和听觉，使读者在想象中亲聆琵琶的美妙乐音和旋律的发展变化。第一乐段兼用比喻和拟声分写大弦和小弦，二者交错进行而有“大珠小珠落玉盘”之声，表现了急切而愉悦的情调。第二乐段用花底莺语的间关之声作比，加上一个“滑”字，使读者觉察到旋律变得轻快流畅了；接着又逐渐缓慢下来，仿佛进入了半终止状态，这“无声”的音乐又使读者去寻味“幽愁暗恨”，并期待着变化的到来。果然，第三乐段一开始就是“银瓶乍破水浆迸”，这是高潮到来的信号；它发展得很快，接着就出现了“铁骑突出刀枪鸣”的热烈而紧张的场面。读者读了这一段文字，掩卷沉思，会有“余音绕梁”之感。乐曲的终止也写得很好，“曲终收拨当心画，四弦一声如裂帛”，写出了琵琶乐曲终止时的特点，跟钢琴曲子最后用手和弦终止全曲一样具有显著的艺术效果，使听众继续沉浸在乐曲的境界里。

扫码收听朗诵音频

4. 二月二日①

⊙〔唐〕李商隐

二月二日江上行，东风日暖闻吹笙。
花须柳眼各无赖②，紫蝶黄蜂俱有情。
万里忆归元亮③井，三年从事亚夫④营。
新滩莫悟游人意，更作风檐夜雨声。

---

① 二月二日：蜀中风俗，农历二月二日为踏青节。这首诗是李商隐在东川节度使柳仲郢幕府中任职时所作，描写了蜀中春江明媚的景色，反衬自己郁郁不得志的情怀。

② 无赖：反语，含可爱恼人之意。

③ 元亮：东晋诗人陶渊明的字。

④ 亚夫：指汉代大将周亚夫，这里借指诗人的幕主柳仲郢。

赏析

诗的前四句写江上春景，词语清丽，风格轻快。江上行舟，东风送暖，可见融融暖意袭人，同时，笙歌随着东风、暖意一道吹拂过来，增添轻松愉悦的氛围。江岸上，早花初萌，柳丝新绿，似乎在竞相争艳，更有成群的蜂蝶围绕着花蕊飞舞，构成一幅生动的春景图画，有声有色，生机盎然。后四句突然转折，写出自己的潦倒身世和失意情怀。诗人万里漂泊，想隐居而不得，所以“忆归元亮井”。三年从事，依倚幕府，处境尴尬，苦闷异常且无从倾诉。在这样的处境中，每逢春景明媚，反而更增愁闷郁悒，所以面对“新滩”新景，诗人生出情怀无人理解之感。前四句写明媚春光，后四句写郁闷愁怀，两者形成尖锐矛盾，看似极不协调，实际上诗人正是有意识地造成巨大反差，用相反相成的手法，以乐景反衬哀情，从而取得更为强烈的艺术效果。

扫码收听朗诵音频

5. 望海潮

⊙〔宋〕柳永

东南形胜[①]，三吴[②]都会，钱塘自古繁华。烟柳画桥，风帘翠幕[③]，参差十万人家。云树[④]绕堤沙，怒涛卷霜雪，天堑[⑤]无涯。市列珠玑[⑥]，户盈罗绮[⑦]，竞豪奢。

重湖叠巘[⑧]清嘉，有三秋桂子，十里荷花。羌管[⑨]弄晴，菱歌泛夜，嬉嬉钓叟莲娃。千骑拥高牙[⑩]，乘醉听箫鼓，吟赏烟霞。异日图将好景，归去凤池[⑪]夸。

---

① 形胜：形势重要、交通便利的地区。

② 三吴：今江苏省南部、浙江省北部和东部一带。这里古时是吴郡、吴兴郡和会稽郡，都曾经属于吴国。

③ 风帘翠幕：挡风的帘子和翠色的帷幕。

④ 云树：茂密如云的林木。

⑤ 天堑（qiàn）：天然的险阻，这里指钱塘江。堑，坑。

⑥ 珠玑：珠宝。

⑦ 罗绮：借指丝绸衣裳。

⑧ 巘（yǎn）：层层叠叠的山峰。

⑨ 羌管：笛子。相传笛子是羌（我国古代西北方的一个民族）地出产的。

⑩ 高牙：高大的牙旗（军前大旗）。

⑪ 凤池：凤凰池，原指皇帝禁苑中的池沼，此指中书省，代指朝廷。

本词上片两个四字对句交代了杭州的地理位置、悠久的历史。湖上的桥梁、桥边含烟惹雾的杨柳、室内翠色的幕，让人体会到这个大都市物阜民丰的面貌。接着，词人又将注意力移到了钱塘江：行行树木环绕着江堤的沙路，奔腾的江涛翻卷着雪白的浪花。“天堑”写出了钱塘江的雄伟、广阔和险要。下片分两层。“重湖”三句，就西湖本身写，以“清嘉”二字赞“重湖”和“叠巘”，又以“三秋桂子”“十里荷花”分别与“叠巘”“重湖”相应。“羌管”三句，写了湖上的居民。这里既是写城市普通人民的生活，实际也是对州官孙何政绩的赞颂。以上为一层，重点写了西湖。“千骑”三句，写州官孙何的游乐。成千的骏马拥簇着高大的牙旗，衬托出了他显赫的气势；接着写他日常行乐，从而烘托了当时太平无事的情况。最后的“异日”两句，是对孙何的美好祝愿。但是，曾经在杭州住过的人，即使高升得以进京任职了，又如何舍得这个美丽的城市呢？只好将它画下来，带进京去，夸示于同僚了。这一层虽是题中应酬话，但仍归结到对杭州的赞美。

扫码收听朗诵音频

6. 酹江月 · 驿中言别

⊙〔宋〕邓剡

水天空阔，恨东风[①]不惜世间英物[②]。蜀鸟吴花残照里，忍见荒城颓壁。铜雀[③]春情，金人秋泪，此恨凭谁雪？堂堂[④]剑气，斗牛[⑤]空认奇杰。

那信江海余生，南行万里，属扁舟齐发。正为鸥盟[⑥]留醉眼，细看涛生云灭[⑦]。睨[⑧]柱吞嬴，回旗走懿，千古冲冠发。伴人无寐，秦淮应是孤月。

---

① 恨东风：感叹南宋抗元战争得不到天助。

② 世间英物：指杰出英雄人物。

③ 铜雀：指铜雀台，曹操建造，在今河北临漳西南。

④ 堂堂：赞美之辞。

⑤ 斗牛：指二十八宿中的斗宿和牛宿。

⑥ 鸥盟：与鸥鸟结盟为友，借指志同道合的友人。

⑦ 涛生云灭：比喻社会局势变化。

⑧ 睨（nì）：斜着眼睛看。

这是一首激越悲壮的别友抒怀之词。上片抒怀。词句间无不渗透着由抗击元军失败而产生的沉痛悲愤和无限感慨，表现出词人至死不屈的民族气节。下片言别。词人以无限依恋的口吻叙写惜别之情，同时用典故表达对故国的耿耿忠心及对再振雄风的期待。此词以古喻今，用典准确，饱含着一股气冲云霄的爱国激情。

读出节奏（一）

文章的节奏表现在多个方面。从情节的角度看，有张有弛，张弛相间；从谋篇布局的角度看，有详有略，有疏有密；从语言的角度看，文句有长短整散，语势有疾徐直曲，字音有响沉抑扬。它们错杂相间，使文章声势呈现有规律的变化，和谐流畅，形成声音的节奏。

朗诵的节奏就是声音的抑扬顿挫、轻重缓急的回环往复，它是由作品内容和思想感情的波澜起伏决定的。

扫码收听朗诵音频

7. 马上作

⊙〔明〕戚继光

南北[①]驱驰[②]报主情[③]，江花边草[④]笑平生[⑤]。

一年三百六十日，都是横戈[⑥]马上行。

赏析

本诗是戚继光对自己人生经历的总结，真实地反映了作者转战南北、保家卫国的英姿雄风。首句概括自己转战南北的经历和如此奔波的精神动力。作者并非不期待安定的生活，而是因为心怀天下，为了国家的安定，不惜万里奔波。次句是说，自己虽不能去欣赏园圃中美丽的花草，但饱览“江花边草”已足以慰藉自己的平生。此句意在表达自己把戍边抗敌作为人生事业的壮志豪情。“一年三百六十日，都是横戈马上行”是对平生南北驱驰的具体说明，一个身不离鞍、保家卫国的英雄形象跃然纸上。第三句虽说是“一年”，但联系首句的“平生”，可知这种鞍马生活是作者平生之事。

---

① 南北：指作者从福建、广东到蓟州的经历。

② 驱驰：此指奔波抗敌。

③ 报主情：报答君主的恩情。在古代志士仁人的价值观念中，“报主情”与报效国家是同一回事。

④ 边草：边疆的野草。

⑤ 平生：一生。

⑥ 横戈：把长戈横于马上。

扫码收听朗诵音频

8. 对　酒

⊙秋　瑾

不惜千金买宝刀，貂裘换酒[①]也堪豪[②]。

一腔热血勤珍重[③]，洒去犹能化碧涛[④]。

① 貂裘（qiú）换酒：语出李白《将（qiāng）进酒》："五花马，千金裘，呼儿将出换美酒，与尔同销万古愁。"貂裘，貂皮衣服，非常珍贵。裘，皮衣。

② 堪豪：足以自豪。

③ 勤珍重：多加珍惜和保重。

④ 碧涛：碧血的波涛。此句化用了"苌（cháng）弘化碧"的典故。典出《庄子·外物》："苌弘死于蜀，藏其血，三年而化为碧。"相传春秋时，周王朝的贤大夫苌弘忠于祖国，得罪了晋国，晋迫使周王杀死苌弘。蜀人怜惜他，用石匣藏起他的血，三年后，血化为碧玉。

这首诗抒写了诗人对酒高歌的豪情壮志，表现了革命者轻视金钱富贵，为革命甘洒热血的崇高气节和豪迈气概。秋瑾是近代史上一位奇女子，出身书香门第，却不同于等闲的女子。“不惜千金买宝刀，貂裘换酒也堪豪”，何等豪放慷慨！巾帼不让须眉，真乃与血性男儿无异。这两句诗与她另外的诗句“漫云女子不英雄，万里乘风独向东”和她的词句“身不得，男儿列，心却比，男儿烈”，都能反映出这位女侠雄豪的性格。秋瑾的诗词多为兴到之作，别有意境，不加雕琢，犹如天马行空，不受羁绊。这首诗似随口而出，自然流畅，字里行间表现出一个豪气冲天的巾帼英雄形象。

读出节奏（二）

朗诵是有声语言，是听觉的节奏，是由音强、音高、音长、音色四个要素的变化而形成的。四要素中任何一个在一定时间内有规律的交替变化，都会形成节奏。

由音强造成的节奏主要表现在轻重变化上，由音高构成的节奏主要表现在字音的平仄和声音的高低变化上，由音长造成的节奏主要表现在速度变化和停顿长短上，由音色造成的节奏主要表现在押韵上。综合运用几种因素，造成声音上的高低抑扬、强弱轻重、快慢疾徐、断连顿挫、明暗虚实等对比变化，就可以使朗诵具有鲜明的节奏感，增强表达效果。

情系祖国

我们的祖国地大物博，我们的文化源远流长。祖国有雄浑壮丽的山河美景：清奇俊秀的桂林山水，浓淡相宜的杭州西湖，云雾缥缈的黄山、庐山……。祖国有光辉灿烂的文化遗产：历史悠久的四大发明，享誉世界的武术文化，特色鲜明的传统节日……。情系祖国，心系天下，是每一个中华儿女应有的情怀。本单元选取了一组著名的现代诗歌，让我们跟作者一起，用饱含激情的诗句，共同歌颂我们伟大的祖国吧！

阅读本单元诗歌，要借助诗歌的意象，体会诗人内心的情感。在反复朗读中，把握诗中所蕴含的哲理，感受诗歌语言凝练而意蕴深长的特点。

我用残损的手掌

⊙戴望舒

我用残损的手掌
摸索这广大的土地：
这一角已变成灰烬，
那一角只是血和泥；
这一片湖该是我的家乡，
（春天，堤上繁花如锦幛，
嫩柳枝折断有奇异的芬芳）
我触到荇藻和水的微凉；
这长白山的雪峰冷到彻骨，
这黄河的水夹泥沙在指间滑出；
江南的水田，你当年新生的禾草
是那么细，那么软……现在只有蓬蒿；
岭南的荔枝花寂寞地憔悴，
尽那边，我蘸着南海没有渔船的苦水……

这是诗人1942年在日本侵略者阴暗潮湿的土牢里写下的一首情真意切的诗篇，你能体会出诗人对祖国、对家乡怎样的情感呢？

诗歌中描写的意象很多，但我们读起来却不觉芜杂，你知道为什么吗？

诗人想象的世界由近及远，由北到南，处处有章可循。

无形的手掌掠过无限的江山，
手指沾了血和灰，手掌沾了阴暗，
只有那辽远的一角依然完整，
温暖，明朗，坚固而蓬勃生春。
在那上面，我用残损的手掌轻抚，
像恋人的柔发，婴孩手中乳。
我把全部的力量运在手掌
贴在上面，寄与爱和一切希望，
因为只有那里是太阳，是春，
将驱逐阴暗，带来苏生，
因为只有那里我们不像牲口一样活，
蝼蚁一样死……那里，永恒的中国！

1942年7月3日

诗的后半部分充满了温暖、光明和生机。

整首诗所抒发的哀怨与欢快两种情感实现了完美的统一，抒情风格显得变幻多姿。

学习提示

诗人借助一系列的意象抒发了以“残损的手掌”抚过祖国大地时的思绪，在想象中再现了他的家乡、长白山、黄河、江南、岭南，以及未曾亲身体验过的解放区的景象，以手掌的感觉展示了他内心的情感交化。

朗读时要注意品味诗人情感的变化，感受诗人内心的爱与恨、怜与悲、愁苦与希望。

1. 门　前

⊙顾　城

我多么希望，有一个门口
早晨，阳光照在草上

我们站着
扶着自己的门扇
门很低，但太阳是明亮的

草在结它的种子
风在摇它的叶子
我们站着，不说话
就十分美好

有门，不用开开
是我们的，就十分美好

早晨，黑夜还要流浪

我们把六弦琴交给他
我们不走了

我们需要土地
需要永不毁灭的土地
我们要乘着它
度过一生

土地是粗糙的，有时狭隘
然而，它有历史
有一分天空，一分月亮
一分露水和早晨

我们爱土地
我们站着
用木鞋挖着
泥土，门也晒热了
我们轻轻靠着
十分美好

墙后的草
不会再长大了
它只用指尖，触了触阳光

1982年8月

2. 他起来了

⊙艾　青

他起来了——
从几十年的屈辱里
从敌人为他掘好的深坑旁边

他的额上淋着血
他的胸上也淋着血
但他却笑着
——他从来不曾如此地笑过

他笑着
两眼前望且闪光
像在寻找
那给他倒地的一击的敌人

他起来了

他起来

将比一切兽类更勇猛

又比一切人类更聪明

因为他必须如此

因为他

必须从敌人的死亡

夺回来自己的生存

1937年10月12日

3. 心　跳

⊙闻一多

这灯光，这灯光漂白了的四壁；
这贤良的桌椅，朋友似的亲密；
这古书的纸香一阵阵的袭来；
要好的茶杯贞女一般的洁白；
受哺的小儿唼呷在母亲怀里，
鼾声报道我大儿康健的消息……
这神秘的静夜，这浑圆的和平，
我喉咙里颤动着感谢的歌声。
但是歌声马上又变成了诅咒，
静夜！我不能，不能受你的贿赂。
谁稀罕你这墙内尺方的和平！
我的世界还有更辽阔的边境。
这四墙既隔不断战争的喧嚣，
你有什么方法禁止我的心跳？

最好是让这口里塞满了沙泥，
如其他只会唱着个人的休戚！
最好是让这头颅给田鼠掘洞，
让这一团血肉也去喂着尸虫。
如果只是为了一杯酒，一本诗，
静夜里钟摆摇来的一片闲适，
就听不见了你们四邻的呻吟，
看不见寡妇孤儿抖颤的身影，
战壕里的痉挛，疯人咬着病榻，
和各种惨剧在生活的磨子下。
幸福！我如今不能受你的私贿，
我的世界不在这尺方的墙内。
听！又是一阵炮声，死神在咆哮。
静夜！你如何能禁止我的心跳？

单元学习任务

任务一

爱国诗歌是中国诗歌的主旋律和最强音。假如学校要举行“情系祖国·诗韵飘香”爱国诗歌朗读比赛，你会选取本单元哪首诗歌来朗读呢？请从诗歌中的意象、表达的感情等角度，说说你选择的理由。在朗诵熟练后找到相对应的图片和配乐，可以单独朗诵，也可以和同学进行双人朗诵、齐声合诵等。

题目：

意象：

情感：

图片：

配乐：

朗读形式：

任务二

读了本组诗歌后，你可以根据其中的一首或一节诗歌进行仿写，尝试运用恰当的意象传达情感，注意音韵和谐，写完后与同桌交流、修改。或许不知不觉中，你就成了一个小诗人。

创作诗歌：

意象：

情感：

同桌评价：

革命精神

“为什么战旗美如画？英雄的鲜血染红了她。为什么大地春常在？英雄的生命开鲜花。”我们今日的和平岁月，来自革命先烈们的浴血奋战和辛勤建设。虽然战争已经远去，但先烈们身上的革命精神始终不曾褪色。这个单元的诗歌，有诗人对先烈们跨越时空的歌颂，更有先烈们身处囚牢、面对屠刀时的誓言。伟大的时代呼唤伟大的精神，伟大的精神推动伟大的事业。弘扬跨越时空的革命精神，用信念照亮前路，用担当铸就当下，用实干成就未来。而我们需要记住的就是：不负韶华，无愧时代！

阅读本单元文章，要体会革命先烈们热烈而深沉的情感，学会通过抒情、议论等方式表达情感。

1. 口占一绝

⊙李大钊

壮别天涯未许愁，尽将离恨付东流。
何当痛饮黄龙府[①]，高筑神州风雨楼[②]。

① 痛饮黄龙府：诗人引用宋朝岳飞率兵抗金时曾对将士们说过的话“直抵黄龙府，与诸君共饮尔”。这里指消灭窃国大盗袁世凯。黄龙府，金国的地名，在今吉林农安，为金国腹地。

② 风雨楼：是“理想之中华”的代称，此处用兴建“风雨楼”来喻指“理想之中华”的创建和纪念革命成功。

2. 鲁迅诗二首

⊙鲁　迅

自题小像

灵台无计逃神矢[①]，风雨如磐[②]暗故园。
寄意寒星[③]荃不察，我以我血荐轩辕[④]。

---

① 神矢：爱神之箭。作者借中了爱神丘比特的神箭比喻自己对祖国和人民的热爱。

② 风雨如磐（pán）：比喻国家和民族的深重灾难。风雨，这里指帝国主义的侵略和封建主义的统治。磐，厚而大的石头。

③ 寄意寒星：作者当时远在国外，想把自己爱国的心意寄托给天上的寒星，让它代为转达给祖国人民。寒星，即流星。

④ 轩辕：黄帝，此处代指祖国。

自　嘲

运交华盖[①]欲何求，未敢翻身已碰头。
破帽遮颜过闹市，漏船载酒泛中流。
横眉冷对千夫指，俯首甘为孺子牛[②]。
躲进小楼[③]成一统，管他冬夏与春秋。

---

① 华盖：古星名。旧时迷信，以为人的命运中犯了华盖星，运气就不好。

② 孺子牛：春秋时，齐景公跟儿子嬉戏，装牛趴在地上，让儿子骑在背上。这里比喻为人民大众服务。

③ 小楼：指作者居住的地方。

3. 七绝二首（其一）①

⊙彭　湃

雄才怒展傲中华，天下功名未足夸。
蔓草他年收拾净，江山栽遍自由花。

① 彭湃（1896—1929）：中国无产阶级革命家，早期农民运动领导人。1927 年参与组织海陆丰起义，创建海陆丰苏区。1929 年 8 月 24 日在上海被国民党当局逮捕，30 日在上海英勇就义。

4. 狱中诗[1]

⊙恽代英

浪迹江湖忆旧游，故人[2]生死各千秋。
已摈忧患[3]寻常事，留得豪情作楚囚[4]。

---

① 恽代英（1895—1931）：中国无产阶级革命家，早期青年运动领导人。1921 年底加入中国共产党。1930 年 5 月在上海被国民党当局逮捕，次年 4 月 29 日在南京遭杀害。主要著作编为《恽代英文集》等。

② 故人：老朋友，这里指革命同志。

③ 已摈忧患：已经除去个人的忧患，即不把个人的忧患放在心上。摈，排除，抛弃。

④ 楚囚：本指楚国被囚之人。春秋时，楚国人钟仪被郑国俘虏，然后郑国把他献给了晋国，但他仍戴着南方样式的帽子，表达对故国的怀念。这里指诗人虽被囚禁，但还保留着革命者的豪情壮志。

生活哲思

一场清新的小雨过后，抬头看见彩虹，有人感慨“为让别人赏心悦目，你献出了自己的人生”，有人却喟叹“只务虚而不务实，决定了你只能昙花一现”；见竹林郁郁葱葱，有人称赞“气节和谦虚的完美结合，使你生机勃勃”，有人却嘲讽“既有内心空虚的不足，又有节外生枝的恶习”。生活是无字的书，眼光敏锐的人会寻觅精彩的诗句；书是有字的生活，感情丰富的人才能深刻领悟其中蕴藏的哲思。

看似琐碎平常的生活，如果我们用心观察、思考，就会发现其中的哲理。阅读本单元的诗歌，我们要从诗人精心选取的事物、景物中，体会它们的深刻意蕴。同时，我们也可以尝试把自己的感悟融于身边的事物或景物中，以有形之事，抒无形之思，做到情溢文章、言尽意存。

1. 人与时[①]

⊙鲁　迅

一人说，将来胜过现在。
一人说，现在远不及从前。
一人说，什么？
时道，你们都侮辱我的现在。
　从前好的，自己回去。
　将来好的，跟我前去。
　这说什么的，
　我不和你说什么。

① 本篇最初发表于1918年7月15日《新青年》第5卷第1号，署名唐俟。

2. 老　马

⊙臧克家

总得叫大车装个够，
它横竖不说一句话，
背上的压力往肉里扣，
它把头沉重地垂下！

这刻不知道下刻的命，
它有泪只往心里咽，
眼里飘来一道鞭影，
它抬起头望望前面。

1932年4月

3. 闻一多短诗三首

⊙闻一多

春　寒

春啊！
正似美人一般，
无妨瘦一点儿！

稚　松

他在夕阳底[1]红纱灯笼下站着，
他扭着颈子望着你，
他散开了藏着金色圆眼的，
海绿色的花翎——一层层的花翎。

① 底：现在写作“的”。

他象[1]是金谷园里的
一只开屏的孔雀罢？

黄　昏

黄昏是一头迟笨的黑牛，
一步一步的走下了西山；
不许把城门关锁得太早，
总要等黑牛走进了城圈。

黄昏是一头神秘的黑牛，
不知他是那[2]一界的神仙——
天天月亮要送他到城里，
一早太阳又牵上了西山。

① 象：现在写作“像”。
② 那：现在写作“哪”。

4. 艾青短诗二首

⊙艾　青

刈草的孩子

夕阳把草原燃成通红了。
刈草的孩子无声地刈草，
低着头，弯曲着身子，忙乱着手，
从这一边慢慢地移到那一边……

草已遮没他小小的身子了——
在草丛里我们只看见：
一只盛草的竹篓，几堆草，
和在夕阳里闪着金光的镰刀……

一九四〇年

礁　石

一个浪，一个浪，
无休止地扑过来，
每一个浪都在它脚下
被打成碎沫，散开……

它的脸上和身上
像刀砍过的一样
但它依然站在那里
含着微笑，看着海洋……

一九五四年七月二十五日

意象之美

大道无言，山川江河随时随地都在展现着天地的思考；大音希声，日月星辰无时无刻不在传递着宇宙的叮咛。作为汇聚天地之精华的存在——人类，既可以透过外象读懂这无字之书，又可以借助万物奏响那无声之曲。在这个单元，你会看到古今中外的名家们好似神笔马良，让日月、风雨、树木、禽鸟都具备了精神特质。请你仔细阅读，挖掘出他们蕴藏其中、秘而不宣的哲思。

阅读本单元文章，仔细品读、揣摩文章中意象的含义，学习文章中象征、对比、烘托等写作手法，感受作者寄予的独特情感与营造的整体氛围。

鹰之歌（节选）

⊙〔苏联〕高尔基

蛇高高地爬到山里去，躺在潮湿的山谷里，盘成一圈，望着海。

文章的标题是“鹰之歌”，开头却从蛇写起，为什么？

太阳照在高高的天上，山把热气吹上天，山下海浪在拍打岩石……

突然，在蛇盘着的那个山谷里，从天空中坠下一只苍鹰，它胸口受了伤，羽毛上染着血迹……

描写鹰受伤的形态、动作，突出它顽强不屈的战斗精神，为最后鹰发出的壮烈悲歌做铺垫。

鹰短短地叫了一声，就坠在地下，带着无可奈何的愤怒，撞在那坚硬的岩石上……

蛇大吃一惊，连忙逃开了，但马上看出，这鸟的生命只能维持两三分钟了……

它爬到受伤的鸟眼前，对着鸟的眼睛发出咝咝的声音：

“你要死了吗？”

鹰说“我美好地生活过了”，这句话表达了什么？那是一种怎样的生活？

“我懂得什么是幸福”，鹰懂得的幸福是为梦想而奋斗。

想一想：蛇的人生态度是怎样的？

通过对蛇生活的阴暗、腐臭的山谷的环境描写，反衬在广阔、自由的美好天空战斗的鹰的光辉形象。

“对，我要死了！”鹰深深地叹了口气，回答说，“我美好地生活过了！……我懂得什么是幸福！……我也英勇地战斗过！……我看见过天空！……你绝不会那么近地看到天空！唉，你这可怜虫！”

“那有什么了不起！天吗？空空洞洞的，我怎么能在天上爬呢？我在这里很好，又温暖，又滋润！”蛇对那自由的鸟这样回答，可是它却在心里暗笑鹰的这些梦话。而且，它这样想着：“飞也好，爬也好，结果还不是一样，大家都要埋入黄土，都要化为灰尘……”

但是那勇敢的鹰忽然抖擞精神，微微挺起身来，向山谷里看了一眼。

阴暗的山谷气闷不堪，散发出腐臭的气味。

鹰使出全身的精力喊叫起来：

“啊，要是能够再飞到天上去一次，那可多么好啊！战斗是多么幸福啊！……”

但是，蛇却想道：“天上的生活吗，哦，大概的确是很愉快的吧。要不然为什么他要呻吟呢？”他给那自由的鸟儿出了个主意。“哎，那么，你挪到山谷边，跳下去。也许翅膀会把你托起来，你就可以在你的世界里再活一些时候啦。”

鹰颤抖了一下，高傲地叫了一声，顺着石头上的黏液滑到悬崖边上。到了边上，他伸开翅膀，胸中吸足了气，眼睛里闪着光辉，向下面滚去。他像石头似的顺着山崖滑下去，迅速地下坠。啊，翅膀折断，羽毛也掉下了。山泉的波浪把他卷入，泡沫里映着血，冲到海里去。海浪发出悲伤的吼声撞击着石头，那鸟儿连尸体都看不见了。

你如何看待鹰最后的行为？

（戈宝权/译）

学习提示

本文塑造了两个对比鲜明的形象——只会爬行的蛇和永远高飞的鹰。通过对比，突出了鹰之高大、蛇之渺小，鹰之奋不顾身、蛇之耽于安乐。在这首具有浓烈浪漫主义色彩的散文诗里，作者塑造的鹰和蛇分别象征了勇敢的革命英雄和自私保守的市侩。文章以明快、有力的语言，颂扬了革命者勇于拼搏的战斗精神，抨击了苟且偷安的市侩心理。朗读时要体味作者寄寓其间的深意，体会象征手法的巧妙运用。

1. 短文两篇

⊙巴　金

日

为着追求光和热，将身子扑向灯火，终于死在灯下，或者浸在油中，飞蛾是值得赞美的。在最后的一瞬间它得到光，也得到热了。

我怀念上古的夸父，他追赶日影，渴死在旸谷[①]。

为着追求光和热，人宁愿舍弃自己的生命。生命是可爱的。但寒冷的、寂寞的生，却不如轰轰烈烈的死。

没有了光和热，这人间不是会成为黑暗的寒冷世界吗？

倘使有一双翅膀，我甘愿做人间的飞蛾。我要飞向火热的日球，让我在眼前一阵光、身内一阵热的当儿，失去知觉，而化作一阵烟，一撮灰。

---

① 旸（yáng）谷：古书上指日出的地方。旸，日出。

月

每次对着长空的一轮皓月，我会想：在这时候某某人也在凭栏望月吗？

圆月有如一面明镜，高悬在蓝空。我们的面影都该留在镜里吧，这镜里一定有某某人的影子。

寒夜对镜，只觉冷光扑面。面对凉月，我也有这感觉。

在海上、山间、园内、街中，有时在静夜里一个人立在都市的高高露台上，我望着明月，总感到寒光冷气侵入我的身子。冬季的深夜，立在小小庭院中望见落了霜的地上的月色，觉得自己衣服上也积了很厚的霜似的。

的确，月光冷得很。我知道死了的星球是不会发出热力的。月的光是死的光。

但是为什么还有姮娥[①]奔月的传说呢？难道那个服了不死之药的美女便可以使这已死的星球再生吗？或者她在那一面明镜中看见了什么人的面影吧。

---

① 姮（héng）娥：嫦娥。

2. 叶　笛

⊙郭　风

啊，故乡的叶笛。

那只是两片绿叶。把它放在嘴唇上，于是像我们的祖先一样，吹出了对于乡土的深沉的眷恋，吹出了对于故乡景色的激越的赞美，吹出了对于生活的爱，吹出自由的歌、劳动的歌、火焰似的燃烧着的青春的歌……像民歌那么朴素。像抒情诗那么单纯。比酒还强烈。

啊，故乡的叶笛。

那只是两片绿叶。把它放在嘴唇上，于是从肺腑里，从心的深处，吹出了劳动的胜利的激情，吹出了万人的喜悦和对于太阳的赞歌，吹出了对于人民的权力的礼赞，吹出光明的歌、幸福的歌、太阳似的升在空中的旗帜的歌!

那笛声里，有故乡绿色平原上青草的香味，有四月的龙眼花的香味，有太阳的光明。

单元学习任务

任务一

你最喜欢这个单元中的哪几篇文章？把你喜欢的理由梳理一下。摘抄你最喜欢的语句，熟读成诵并与同学分享。

篇目：	篇目：	篇目：
理由：	理由：	理由：
摘抄：	摘抄：	摘抄：

任务二

学完本单元的散文诗后，请你从众多的意象中选取一种，试着以散文诗的形式表达自己的感悟。

篇目：	意象：
感悟：	

篇目：	意象：
感悟：	

任务三

本单元所选的散文诗给你留下深刻印象的是哪一首？如果用一种颜色代表这首散文诗给你的感觉，你会选择什么颜色？如果让你用一首乐曲表达读完这首散文诗的感受，你会选择哪首乐曲？

作品：	
颜色：	理由：
乐曲：	理由：

学习扩写

这个单元，我们要学习扩写，即学会在保持原文基本内容和主题的基础上进行合情合理的改写。扩写训练是将读写结合起来的一种训练方法，能让人更深刻地理解文章内容，又能以读促写，以写带读，从而使阅读能力和写作能力得以同步提高。

扩写，就是按照一定的要求将给出的语言材料扩大、拓展、增添、补充，使之成为篇幅更长、内容更充实的文章。扩写，首先要忠实于原文；其次，还要找准扩写点。不同体裁的文章，其扩写重点也不同。在本单元中，我们重点学习古诗词的扩写。

1. 把栏杆拍遍（节选）

⊙梁 衡

中国历史上由行伍出身，以武起事，而最终以文为业，成为大诗词作家的只有一人，这就是辛弃疾。这也注定了他的词及他这个人在文人中的唯一性和在历史上的独特地位。

文章开篇立足于辛弃疾的经历，介绍了他在历史上的独特地位。

在我看到的资料里，辛弃疾至少是快刀利剑地杀过几次人的。他天生孔武高大，从小苦修剑法。他又生于金宋乱世，不满金人的侵略蹂躏，22岁时他就拉起了一支数千人的义军，后又与耿京为首的义军合并，并兼任书记长，掌管印信。一次义军中出了叛徒，将印信偷走，准备投金。辛弃疾手提利剑单人独马追贼两日，第三天提回一颗人头。为了光复大业，他又说服耿京南归，南下临安亲自联络。不想就这几天之内又变生

扩写时要注意起承转合。本段文字先叙述辛弃疾南渡前以武起事的壮烈史事，既照应了前文“行伍出身，以武起事”的总论，又为下文辛词是“用刀和剑刻成”“蘸着血和泪涂抹而成”做铺垫。

肘腋，当他完成任务返回时，部将叛变，耿京被杀。辛大怒，跃马横刀，只率数骑突入敌营生擒叛将，又奔突千里，将其押解至临安正法，并率万人南下归宋。说来，他干这场壮举时还只是一个英雄少年，正血气方刚，欲为朝廷痛杀贼寇，收复失地。

应该说，辛弃疾的词不是用笔写成，而是用刀和剑刻成的。他是以一个沙场英雄和爱国将军的形象留存在历史上和自己的诗词中。时隔千年，当今天我们重读他的作品时，仍感到一种凛然杀气和磅礴之势。比如这首著名的《破阵子》：

引用辛弃疾代表词作来表现他豪迈的英雄气概，使内容更加充实。

醉里挑灯看剑，梦回吹角连营。八百里分麾下炙，五十弦翻塞外声。沙场秋点兵。

马作的卢飞快，弓如霹雳弦惊。了却君王天下事，赢得生前身后名。可怜白发生！

但是南渡后他被迫脱离战场，再无用武之地。像屈原那样仰问苍天，像共工那样怒撞不周，他临江水，望长安，登危楼，拍栏杆，只能热泪横流。

楚天千里清秋，水随天去秋无际。遥岑远目，献愁供恨，玉簪螺髻。落日楼头，断鸿声里，江南游子。把吴钩看了，栏杆拍遍，无人会，登临意。

（《水龙吟》）

这是他登临建康城赏心亭时所作。他痛拍栏杆时一定想起过当年的拍刀催马，驰骋沙场，但今天空有一身力、一腔志，又能向何处使呢？

辛词比其他文人更深一层的不同，是他的词不是用墨来写，而是蘸着血和泪涂抹而成的。我们今天读其词，总是清清楚楚地听到一个爱国臣子，一遍一遍地哭诉，一次一次地表白。总忘不了他那在夕阳中扶栏远眺、望眼欲穿的形象。

辛弃疾南归后为什么这样不为朝廷喜欢呢？他在一首《戒酒》的戏作中说："怨无大小，生于所爱；物无美恶，过则成灾。"这首小品正好刻画出他的政治苦闷。他因爱国而生怨，因尽职而招灾。他太爱国家、爱百姓、爱朝廷了。但是朝廷怕他、烦他、忌用他。他作为南宋臣民共生活了四十年，倒有近二十年的时间被闲置一旁，而在断断续续被使用的二十多年间又有三十七次频繁调动。但是，每当他

结合辛弃疾平生经历和作品，详细分析他不为朝廷喜欢的原因，使人物形象更加立体。

得到一次效力的机会，就特别认真、特别执着地去工作。本来有碗饭吃便不该再多事，可是那颗炽热的爱国心烧得他浑身发热。四十年间无论在何地何时任何职，甚至赋闲期间，他都不停地上书，不停地唠叨，一有机会还要真抓实干，练兵、筹款、整饬政务，时刻摆出一副要冲上前线的样子。你想这怎能不让主和苟安的朝廷心烦？

他这个书生、这个工作狂，实在太过了，“过则成灾”，终于惹来了许多的诽谤，甚至说他独裁、犯上。皇帝对他也就时用时弃。国有危难时招来用几天；朝有谤言，又弃而闲几年，这就是他的基本生活节奏，也是他一生最大的悲剧。

说到辛弃疾的笔力多深，是刀刻也罢，血写也罢，其实他的追求从来不是要做一个词人。郭沫若说陈毅，“将军本色是诗人”。辛弃疾这个人，词人本色是武人，武人本色是政人。他的词是在政治的大磨盘间磨出来的豆浆汁液。他由武而文，又由文而政，始终在出世与入世间矛盾，在被用或被弃中受煎熬。

我常想，要是为辛弃疾造像，最贴切的题

目就是“把栏杆拍遍”。他一生大都是在被抛弃的感叹与无奈中度过的。当权者不使为官，却为他准备了锤炼思想和艺术的反面环境。他被九蒸九晒，水煮油炸，千锤百炼。历史的风云，民族的仇恨，正与邪的搏击，爱与恨的纠缠，知识的积累，感情的浇铸，艺术的升华，文字的锤打，这一切都在他的胸中、他的脑海，翻腾、激荡，如地壳内岩浆的滚动鼓胀，冲击积聚。既然这股能量一不能化作刀枪之力，二不能化作施政之策，便只有一股脑地注入诗词，化作诗词。他并不想当词人，但武途政路不通，历史歪打正着地把他逼向了词人之道。终于他被修炼得连叹一口气，也是一首好词了。

为什么作者说“为辛弃疾造像，最贴切的题目就是‘把栏杆拍遍’”？我们扩写时也要注意从原文中提炼题目。

说到底，才能和思想是一个人的立身之本。像石缝里的一棵小树，虽然被扭曲、挤压，成不了旗杆，却也可成一条遒劲的龙头拐杖，别是一种价值。从“沙场秋点兵”到“天凉好个秋”；从决心为国弃疾去病，到最后掰开嚼碎，识得辛字含义；再到自号“稼轩”，同盟鸥鹭；辛弃疾走过了一个爱国志士、爱国诗人的成熟过程。

运用比喻手法将表意具体化、形象化，这也是扩写常用的手法。

2. 黍离（扩写）

⊙陈月娥

初夏，天气干爽舒适。因为公务，我今天来到了故都镐京①。掀开帘子，走下马车，我没反应过来：眼前绵延不尽的，是一垄垄排列整齐、郁郁葱葱的黍苗。这是我生活了十多年的京城吗？

那鳞次栉比、交错相通的街道呢？那堆满琳琅满目货物的店铺呢？那熙熙攘攘的人群呢？那此起彼伏、车马喧闹的市井之声呢？

耳畔轻柔的南风，无言掠过。我慢慢行走在黍垄间，浑身松塌无力。长长尖尖的稷叶，请告诉我，是我走错路了吗？曾经的繁华在你们根底下吗？

当年我们离开京城时，夕阳下郊野的麦田也是郁郁葱葱，白鹭在田地里时而栖息时而展翅飞翔。但现在怎么全是无边无际的郊野啊？曾经的中心城区呢？那傲视各方诸侯的具有王者气象的都城在哪里呢？

---

① 镐（hào）京：西周国都，与丰京并称为“丰镐”，遗址位于今陕西省西安市长安区。

繁华散尽，恍如隔世。越往前走，我的心越像被掏空了一样。过了一座石桥，桥那边荒草萋萋。草间隐约可见昔日城阙宫殿的碎瓦断砖，那曾经庄严的宗庙、巍峨的朝堂，现在只剩偶尔传来的一两声野雉的哀鸣，听着让人揪心。

烽火戏诸侯，一笑失天下。曾经这里凤楼龙阁，花遮柳护绣成堆，而今谁会想起闾阎扑地，钟鸣鼎食的繁华气象？那女子的嫣然一笑，竟只博来如今满眼的苍凉！

我一个土生土长的镐京人，曾在这里长大、玩耍。街坊友邻们现在搬到哪儿去了？小时候的玩伴呢？他们经历过战火纷飞，现在还安好吧？

苍天哪，告诉我，一世繁华，竟可以这么快就灰飞烟灭吗？

我堂堂一个士大夫，也曾在大街上风光无限，招摇而过。也曾在富丽堂皇的殿堂里执笏上朝，谈论国事。国君不明，我们也急火焚心，辗转难眠。可惜徒有一片赤诚爱国之心，却谏劝无门，又哪能力挽狂澜、改变国家命运？匆促间，随着队伍东迁到洛邑，哪料到短短十几年，物是人非，只有这坍塌倾圮，满目黍稷。

苍天哪，告诉我，这沉重如灌铅的脚步，这郁结沉痛的身躯，再也寻不到曾经的繁华和壮丽了吗？是谁把周朝盛世历史改写？是谁把这楼宇街市变田地？是谁在烽火台上游戏？

我不想再回顾，不愿再念叨。喉头哽咽，声气难提，双腿无力，踉踉跄跄地往前拖着走。低头，是绵延无边的黍地。黍地穗穗朝下，参差披拂，向四周散发。

苍天哪，我还能为这片土地做点什么吗？兴亡更替会有时，我这黍米海洋中的一颗小种子，能看到这片茂盛繁密的黍田地重新孕育新的盛世王朝吗？

仰头，苍穹在上，浩渺无际。人呢？曾经显赫荣耀的人呢？曾经挥手如云的人呢？那些拼命劝谏的人呢？那些在战争中奋战、流离的人呢？我，一个微尘一样的人，还能为周朝天下担负更多一些责任吗？以我的残年余力，还能为国家添砖添瓦发光发热吗？

罢，罢，罢……

一曲《黍离》悲歌，欲语还休：

> 彼黍离离，彼稷之苗。行迈靡靡，中心摇摇。知我者，谓我心忧。不知我者，谓我何求。悠悠苍天，此何人哉？
>
> 彼黍离离，彼稷之穗。行迈靡靡，中心如醉。知我者，谓我心忧。不知我者，谓我何求。悠悠苍天，此何人哉？
>
> 彼黍离离，彼稷之实。行迈靡靡，中心如噎。知我者，谓我心忧。不知我者，谓我何求。悠悠苍天，此何人哉？

3. 点绛唇·蹴罢秋千（扩写）

⊙张　莹

旭日东升，光线明亮了起来，几只早起的鸟儿站在葱郁的枝头，婉转悠扬的歌声荡漾在空气中。

一夜过后，花朵上缀满了露珠，娇艳无比。和煦的风悄悄拂过花儿，“滴答，滴答”，几颗调皮圆润的露珠从花间滚落，晶莹剔透的露珠像是揉碎了一夜的星光，闪闪发亮，一如那花间嬉戏的少女。

两个正值花样年华的女子在花间漫步，发间别了几朵鲜艳的花，更显得人比花娇。

一袭嫩粉色衣裙的少女坐在秋千上，青涩稚嫩的脸颊略显红晕，如含苞待放的花儿般娇嫩。秋千悠悠摆动，阳光在少女发间的金钗上跳动着。少女的罗裙随风扬起，衣带轻晃，如空中翩跹起舞的蝴蝶。

“阿怜，你再推高些！”欢快的声音响起，似是因为秋千荡得低而引得少女微微嘟起了嘴。

“好嘞！小姐，您可要抓紧了！”一个身着绿衣的女孩站在秋千后，匆匆撸起衣袖，双手用力将秋千送出。

“哈哈哈！”少女的笑声如银铃般悦耳，散入空中，随春光荡漾。飘逸的乌发在空中划出一道道美丽的弧线，细碎的阳光洒在上面，像是一个个活泼的小精灵在跳动。

秋千停罢，少女轻快地从秋千上跳下，慵懒地抬起酸麻的手，轻轻吹去了掌心的毛屑，便又悠悠地垂下了手，不想再动。她莹白的额间布满了细密的汗珠，几根调皮的发丝飘在空中，发间的金钗摇摇欲坠，身上的涔涔香汗渗透着薄薄的罗衣。清凉的微风吹散了余热，一阵寒意陡然从后背往上升，少女拢了拢衣襟便向前走去。

她手执一方雪白的手帕，细细拭去额间的汗珠。突然，一道清隽的身影从前面的林荫小道上走来，少女心中陡然一惊：这是谁家的公子……哎呀，他快过来了！纤手倏地握紧了手帕，眉眼间满是惊慌，仓促间连鞋子都跑掉了，发间的金钗滑落，悄悄掉落在松软的草地上。

少女匆忙跑到雕花木门前，陡然住了脚步，细细回想起刚才的惊慌一瞥，一张清秀的脸庞在眼前闪过，少女的脸上悄悄地泛起了红晕，纤手虚捂在嘴角，宽大的衣袖遮住了半边脸。她轻声一笑，眼里流转着星光，眉目间尽是柔情。

她悄悄转过身，踮起脚向前望去，那道身影赫然映入眼帘。似是触电一般，少女慌乱地收回目光，匆匆拂过一枝青梅，俯身轻嗅，装作不经意地一次次抬目向前看去。点点青梅半遮着少女娇羞的脸颊，不知是这梅花本就清香，还是因少女的到来而格外芳香四溢。丝丝清香沁人心脾，绕在心间化作缕缕甘甜。

此时，正值春光明媚，有翩翩少年郎漫步于花园，娇俏少女掩唇轻笑，温柔了时光。

（学生习作）

图书馆的由来

世界上最早的图书馆，是古希腊神庙的藏书之所和附属于古希腊哲学书院（公元前4世纪）的藏书之所。

我国的图书馆历史悠久。只是起初并不叫作“图书馆”，而是被赋予“府”“阁”“观”“台”等称呼，如西周的盟府，两汉的石渠阁、东观和兰台，隋朝的观文殿，宋朝的崇文院，明朝的澹生堂，清朝的四库全书七阁，等等。“图书馆”是一个外来语，于19世纪末从日本传入我国。

据《在辞典中出现的“图书馆”》一文，“图书馆”一词最早于1877年在日本的文献中出现；而这个词最早在我国文献中出现，当推《教育世界》第62期中所刊出的一篇《拟设简便图书馆说》，时为1894年。

透视现实

有人说，小说是时代的记录员，是透视时代的一面镜子，反映了世间百态。本单元选取的这组作品，聚焦主题，提炼生活，生动表现了时代的变化。它们着意于讲述中国故事、抒发中国情感，以文字的方式提供了一种“与时代同时出现的秩序”，提供了一个“穿越时空”的机会。希望你们能够跟随文中不同的人物，在不同的自然与社会背景下，去经历他们的故事，去体验不一样的生活。希望这些可以带给你们更多对于生活与生命的思考，伴随你们走向未来。

阅读本单元文章，要注意体会文章中精彩、生动的人物描写及其在表现人物性格方面的作用。

白　光[1]

⊙鲁　迅

陈士成看过县考的榜，回到家里的时候，已经是下午了。他去得本很早，一见榜，便先在这上面寻陈字。陈字也不少，似乎也都争先恐后的跳进他眼睛里来，然而接着的却全不是士成这两个字。他于是重新再在十二张榜的圆图[2]里细细地搜寻，看的人全已散尽了，而陈士成在榜上终于没有见，单站在试院的照壁的面前。

凉风虽然拂拂的吹动他斑白的短发，初冬的太阳却还是很温和的来晒他。但他似乎被太阳晒得头晕了，脸色越加变成灰白，从

① 本篇最初发表于一九二二年七月十日上海《东方杂志》第十九卷第十三号。

② 圆图：科举时代县考初试公布的名榜，也叫团榜。一般不计名次。为了便于计算，将每五十名考取者的姓名写成一个圆图；开始一名以较大的字提高写，其次沿时针方向自右至左写去。

劳乏的红肿的两眼里，发出古怪的闪光。这时他其实早已不看到什么墙上的榜文了，只见有许多乌黑的圆圈，在眼前泛泛的游走。

作者通过心理描写，将笔触伸向了主人公的灵魂深处。这一段生动刻画了陈士成利欲熏心、醉心于功名权势的丑陋心态。

隽了秀才，上省去乡试，一径联捷上去，……绅士们既然千方百计的来攀亲，人们又都像看见神明似的敬畏，深悔先前的轻薄，发昏，……赶走了租住在自己破宅门里的杂姓——那是不劳说赶，自己就搬的，——屋宇全新了，门口是旗竿和扁额，……要清高可以做京官，否则不如谋外放。……他平日安排停当的前程，这时候又像受潮的糖塔一般，刹时倒塌，只剩下一堆碎片了。他不自觉的旋转了觉得涣散了的身躯，惘惘的走向归家的路。

他刚到自己的房门口，七个学童便一齐放开喉咙，吱的念起书来。他大吃一惊，耳朵边似乎敲了一声磬，只见七个头拖了小辫子在眼前幌，幌得满房，黑圈子也夹着跳舞。他坐下了，他们送上晚课来，脸上都显出小觑他的神色。

“回去罢。”他迟疑了片时，这才悲惨的说。

他们胡乱的包了书包，挟着，一溜烟跑走了。

陈士成还看见许多小头夹着黑圆圈在眼前跳舞，有时杂乱，有时也摆成异样的阵图，然而渐渐的减少了，模胡了。

“这回又完了！”

他大吃一惊，直跳起来，分明就在耳边的话，回过头去却并没有什么人，仿佛又听得嗡的敲了一声磬，自己的嘴也说道：

“这回又完了！”

他忽而举起一只手来，屈指计数着想，十一，十三回，连今年是十六回，竟没有一个考官懂得文章，有眼无珠，也是可怜的事，便不由嘻嘻的失了笑。然而他愤然了，蓦地从书包布底下抽出誊真的制艺和试帖[①]来，拿着往外走，刚近房门，却看见满眼都明亮，连一群鸡也正在笑他，便禁不住心头突突的狂跳，只好缩回里面了。

陈士成参加科举考试，十六回都没有考取。读完全文，再结合当时的社会背景，你能猜想出有哪些原因吗？

他又就了坐，眼光格外的闪烁；他目睹着许多东西，然而很模胡，——是倒塌了的糖塔一般的前程躺在他面前，这前程又只是广大起来，阻住了他的一切路。

别家的炊烟早消歇了，碗筷也洗过了，而

① 制艺和试帖：科举考试规定的公式化的诗文。

陈士成还不去做饭。寓在这里的杂姓是知道老例的，凡遇到县考的年头，看见发榜后的这样的眼光，不如及早关了门，不要多管事。最先就绝了人声，接着是陆续的熄了灯火，独有月亮，却缓缓的出现在寒夜的空中。

此处的环境描写有什么作用？

空中青碧到如一片海，略有些浮云，仿佛有谁将粉笔洗在笔洗里似的摇曳。月亮对着陈士成注下寒冷的光波来，当初也不过像是一面新磨的铁镜罢了，而这镜却诡秘的照透了陈士成的全身，就在他身上映出铁的月亮的影。

他还在房外的院子里徘徊，眼里颇清静了，四近也寂静。但这寂静忽又无端的纷扰起来，他耳边又确凿听到急促的低声说：

“左弯右弯……”

他耸然了，倾耳听时，那声音却又提高的复述道：

“右弯！”

他记得了。这院子，是他家还未如此雕零的时候，一到夏天的夜间，夜夜和他的祖母在此纳凉的院子。那时他不过十岁有零的孩子，躺在竹榻上，祖母便坐在榻旁边，讲给他有趣的故事听。伊说是曾经听得伊的祖母说，陈氏的祖宗是巨富的，这屋子便是祖基，祖宗埋着无数的银子，有福气的子孙一定会得到的罢，然而至今还没有现。至于处所，那是藏在一个谜语的中间：

“左弯右弯，前走后走，量金量银不论斗。”

对于这谜语，陈士成便在平时，本也常常暗地里加以揣测的，可惜大抵刚以为可通，却又立刻觉得不合了。有一回，他确有把握，知道这是在租给唐家的房底下的了，然而总没有前去发掘的勇气；过了几时，可又觉得太不相像了。至于他自己房子里的几个掘过的旧痕迹，那却全是先前几回下第以后的发了怔忡的举动，后来自己一看到，也还感到惭愧而且羞人。

但今天铁的光罩住了陈士成，又软软的来劝他了，他或者偶一迟疑，便给他正经的证明，又加上阴森的催逼，使他不得不又向自己的房里转过眼光去。

白光如一柄白团扇，摇摇摆摆的闪起在他房里了。

“也终于在这里！”

他说着，狮子似的赶快走进那房里去，但跨进里面的时候，便不见了白光的影踪，只有莽苍苍的一间旧房，和几个破书桌都没在昏暗里。他爽然的站着，慢慢的再定睛，然而白光却分明的又起来了，这回更广大，比硫黄火更白净，比朝雾更霏微，而且便在靠东墙的一张书桌下。

作者将陈士成的“癫狂”刻画得生动形象，细致入微。让人不由得对这个人物产生同情，感叹他的命运。

陈士成狮子似的奔到门后边，伸手去摸锄头，撞着一条黑影。他不知怎的有些怕了，张惶的点了灯，看锄头无非倚着。他移开桌子，用锄头一气掘起四块大方砖，蹲身一看，照例是黄澄澄的细沙，揎了袖爬开细沙，便露出下面的黑土来。他极小心的，幽静的，一锄一锄往下掘，然而深夜究竟太寂静了，尖铁触土的声音，总是钝重的不肯瞒人的发响。

土坑深到二尺多了，并不见有瓮口，陈士成正心焦，一声脆响，颇震得手腕痛，锄尖碰着什么坚硬的东西了；他急忙抛下锄头，摸索着看时，一块大方砖在下面。他的心抖得很利害，聚精会神的挖起那方砖来，下面也满是先前一样的黑土，爬松了许多土，下面似乎还无穷。但忽而又触着坚硬的小东西了，圆的，大约是一个锈铜钱；此外也还有几片破碎的磁片。

陈士成心里仿佛觉得空虚了，浑身流汗，急躁的只爬搔；这其间，心在空中一抖动，又触着一种古怪的小东西了，这似乎约略有些马掌形的，但触手很松脆。他又聚精会神的挖起那东西来，谨慎的撮着，就灯光下仔细的看时，那东西斑斑剥剥的像是烂骨头，上面还带着一排零落不全的牙齿。他已经悟到这许是下巴骨了，而那下巴骨也便在他手里索索的动弹起来，而且笑吟吟的显出笑影，终于听得他开口道：

对人物的心理描写不是静止的，而是与情节的发展相结合，心理活动牵制着行动，行动进一步推动心理活动，两者相辅相成，巧妙结合。

“这回又完了！”

他栗然的发了大冷，同时也放了手，下巴骨轻飘飘的回到坑底里不多久，他也就逃到院子里了。他偷看房里面，灯火如此辉煌，下巴骨如此嘲笑，异乎寻常的怕人，便再不敢向那边看。他躲在远处的檐下的阴影里，觉得较为安全了；但在这平安中，忽而耳朵边又听得窃窃的低声说：

“这里没有……到山里去……”

陈士成似乎记得白天在街上也曾听得有

此处说朝笏周围放出白光来，说明白光象征着官职地位和富贵前程。

人说这种话，他不待再听完，已经恍然大悟了。他突然仰面向天，月亮已向西高峰这方面隐去，远想离城三十五里的西高峰正在眼前，朝笏[1]一般黑魆魆的挺立着，周围便放出浩大闪烁的白光来。

而且这白光又远远的就在前面了。

"是的，到山里去！"

他决定的想，惨然的奔出去了。几回的开门声之后，门里面便再不闻一些声息。灯火结了大灯花照着空屋和坑洞，毕毕剥剥的炸了几声之后，便渐渐的缩小以至于无有，那是残油已经烧尽了。

"开城门来——"

含着大希望的恐怖的悲声，游丝似的在西关门前的黎明中，战战兢兢的叫喊。

第二天的日中，有人在离西门十五里的万流湖里看见一个浮尸，当即传扬开去，终于传到地保的耳朵里了，便叫乡下人捞将上来。那是一个男尸，五十多岁，"身中面白无须"，浑身也没有什么衣裤。或者说这就

① 朝笏：古代臣子朝见皇帝时所执狭长而稍弯的手板，按品级不同，分别用玉、象牙或竹制成，臣子上朝前将要奏的事书记其上，以免遗忘。

是陈士成。但邻居懒得去看，也并无尸亲认领，于是经县委员相验之后，便由地保抬埋了。至于死因，那当然是没有问题的，剥取死尸的衣服本来是常有的事，够不上疑心到谋害去；而且仵作也证明是生前的落水，因为他确凿曾在水底里挣命，所以十个指甲里都满嵌着河底泥。

一九二二年六月

鲁迅先生创作的短篇小说《白光》，讲述了屡试不第的文人陈士成在虚幻的“白光”指引下去挖掘子虚乌有的财富，最终落水而亡的故事。作者通过塑造这样一个醉心于功名利禄的没落文人形象，批判了封建科举制度对读书人的毒害。

小说借助人物心理刻画、环境描写以及环环入扣的情节，把陈士成利欲熏心、醉心权势的丑恶心态表现得生动形象、细致入微。尤其是小说借鉴戏剧的艺术结构，将主人公几十年应考不中的遭遇浓缩在一天内集中体现，构思精巧。阅读时可将鲁迅笔下的陈士成与孔乙己这两个人物加以比较，分析他们性格的异同，并结合时代背景理解小说主旨。

1. 风　波[①]

⊙鲁　迅

临河的土场上，太阳渐渐的收了他通黄的光线了。场边靠河的乌桕树叶，干巴巴的才喘过气来，几个花脚蚊子在下面哼着飞舞。面河的农家的烟突里，逐渐减少了炊烟，女人孩子们都在自己门口的土场上泼些水，放下小桌子和矮凳；人知道，这已经是晚饭的时候了。

老人男人坐在矮凳上，摇着大芭蕉扇闲谈，孩子飞也似的跑，或者蹲在乌桕树下赌玩石子。女人端出乌黑的蒸干菜和松花黄的米饭，热蓬蓬冒烟。河里驶过文人的酒船，文豪见了，大发诗兴，说，“无思无虑，这真是田家乐啊！”

但文豪的话有些不合事实，就因为他们没有听到九斤老太的话。这时候，九斤老太正在大怒，拿破芭蕉扇敲着凳脚说：

“我活到七十九岁了，活够了，不愿意眼见这些败家相，——还是死的好。立刻就要吃饭了，还吃炒豆子，吃穷

① 本篇最初发表于1920年9月《新青年》第八卷第一号。

了一家子！”

伊的曾孙女儿六斤捏着一把豆，正从对面跑来，见这情形，便直奔河边，藏在乌桕树后，伸出双丫角的小头，大声说，“这老不死的！”

九斤老太虽然高寿，耳朵却还不很聋，但也没有听到孩子的话，仍旧自己说，“这真是一代不如一代！”

这村庄的习惯有点特别，女人生下孩子，多喜欢用秤称了轻重，便用斤数当作小名。九斤老太自从庆祝了五十大寿以后，便渐渐的变了不平家，常说伊年青的时候，天气没有现在这般热，豆子也没有现在这般硬；总之现在的时世是不对了。何况六斤比伊的曾祖，少了三斤，比伊父亲七斤，又少了一斤，这真是一条颠扑不破的实例。所以伊又用劲说：“这真是一代不如一代！”

伊的儿媳[①]七斤嫂子正捧着饭篮走到桌边，便将饭篮在桌上一摔，愤愤的说，“你老人家又这么说了。六斤生下来的时候，不是六斤五两么？你家的秤又是私秤，加重称，十八两秤；用了准十六，我们的六斤该有七斤多哩。我想便是太公和公公，也不见得正是九斤八斤十足，用的秤也许是十四两……”

“一代不如一代！”

七斤嫂还没有答话，忽然看见七斤从小巷口转出，便移了方向，对他嚷道：“你这死尸怎么这时候才回来，死到哪里去了！不管人家等着你开饭！”

① 儿媳：从上下文看，这里的“儿媳”应该是“孙媳”。

七斤虽然住在农村，却早有些飞黄腾达的意思。从他的祖父到他，三代不捏锄头柄了；他也照例的帮人撑着航船，每日一回，早晨从鲁镇进城，傍晚又回到鲁镇，因此很知道些时事：例如什么地方，雷公劈死了蜈蚣精；什么地方，闺女生了一个夜叉之类。他在村人里面，的确已经是一名出场人物了。但夏天吃饭不点灯，却还守着农家习惯，所以回家太迟，是该骂的。

七斤一手捏着象牙嘴白铜斗六尺多长的湘妃竹烟管，低着头，慢慢地走来，坐在矮凳上。六斤也趁势溜出，坐在他身边，叫他爹爹。七斤没有应。

“一代不如一代！”九斤老太说。

七斤慢慢地抬起头来，叹一口气说，“皇帝坐了龙庭了。”

七斤嫂呆了一刻，忽而恍然大悟的道，“这可好了，这不是又要皇恩大赦了么！”

七斤又叹一口气，说：“我没有辫子。”

“皇帝要辫子么？”

“皇帝要辫子。”

“你怎么知道呢？”七斤嫂有些着急，赶忙的问。

“咸亨酒店里的人，都说要的。”

七斤嫂这时从直觉上觉得事情似乎有些不妙了，因为咸亨酒店是消息灵通的所在。伊一转眼瞥见七斤的光头，便忍不住动怒，怪他恨他怨他；忽然又绝望起来，装好一碗饭，搡在七斤的面前道，“还是赶快吃你的饭罢！哭丧着脸，就会长出辫子来么？”

太阳收尽了它最末的光线了，水面暗暗地回复过凉气来；土场上一片碗筷声响，人人的脊梁上又都吐出汗粒。七斤嫂吃完三碗饭，偶然抬起头，心坎里便禁不住突突地发跳。伊透过乌桕叶，看见又矮又胖的赵七爷正从独木桥上走来，而且穿着宝蓝色竹布的长衫。

赵七爷是邻村茂源酒店的主人，又是这三十里方圆以内的唯一的出色人物兼学问家；因为有学问，所以又有些遗老的臭味。他有十多本金圣叹批评的《三国志》，时常坐着一个字一个字的读；他不但能说出五虎将姓名，甚而至于还知道黄忠表字汉升和马超表字孟起。革命以后，他便将辫子盘在顶上，像道士一般；常常叹息说，倘若赵子龙在世，天下便不会乱到这地步了。七斤嫂眼睛好，早望见今天的赵七爷已经不是道士，却变成光滑头皮，乌黑发顶；伊便知道这一定是皇帝坐了龙庭，而且一定须有辫子，而且七斤一定是非常危险。因为赵七爷的这件竹布长衫，轻易是不常穿的，三年以来，只穿过两次：一次是和他怄气的麻子阿四病了的时候，一次是曾经砸烂他酒店的鲁大爷死了的时候；现在是第三次了，这一定又是于他有庆，于他的仇家有殃了。

七斤嫂记得，两年前七斤喝醉了酒，曾经骂过赵七爷是“贱胎”，所以这时便立刻直觉到七斤的危险，心坎里突突地发起跳来。

赵七爷一路走来，坐着吃饭的人都站起身，拿筷子点着自己的饭碗说：“七爷，请在我们这里用饭！”七爷也一路点头，说道“请请”，却一径走到七斤家的桌旁。七斤们连忙招呼，七爷也微笑着说“请请”，一面细细的研究他们的饭菜。

“好香的菜干，——听到了风声了么？”赵七爷站在七斤的后面，七斤嫂的对面说。

“皇帝坐了龙庭了。”七斤说。

七斤嫂看着七爷的脸，竭力赔笑道：“皇帝已经坐了龙庭，几时皇恩大赦呢？”

“皇恩大赦？——大赦是慢慢的总要大赦罢。”七爷说到这里，声色忽然严厉起来，“但是你家七斤的辫子呢，辫子？这倒是要紧的事。你们知道：长毛时候，留发不留头，留头不留发，……”

七斤和他的女人没有读过书，不很懂得这古典的奥妙，但觉得有学问的七爷这么说，事情自然非常重大，无可挽回，便仿佛受了死刑宣告似的，耳朵里嗡的一声，再也说不出一句话。

“一代不如一代，——”九斤老太正在不平，趁这机会，便对赵七爷说，“现在的长毛，只是剪人家的辫子，僧不僧、道不道的。从前的长毛，这样的么？我活到七十九岁了，活够了。从前的长毛是——整匹的红缎子裹头，拖下去，拖下去，一直拖到脚跟；王爷是黄缎子，拖下去，黄缎子；红缎子，黄缎子，——我活够了，七十九岁了。”

七斤嫂站起身，自言自语的说，“这怎么好呢？这样的一班老小，都靠他养活的人，……”

赵七爷摇头道，“那也没法。没有辫子，该当何罪，书上都一条一条明明白白写着的。不管他家里有些什么人。”

七斤嫂听到书上写着，可真是完全绝望了；自己急得没法，便忽然又恨到七斤。伊用筷子指着他的鼻尖说：“这死尸自作自受！造反的时候，我本来说，不要撑船了，不要上城了。他偏要死进城去，滚进城去，进城便被人剪去了辫子。从前是绢光乌黑的辫子，现在弄得僧不僧道不道的。这囚徒自作自受，带累了我们又怎么说呢？这活死尸的囚徒……”

村人看见赵七爷到村，都赶紧吃完饭，聚在七斤家饭桌的周围。七斤自己知道是出场人物，被女人当大众这样辱骂，很不雅观，便只得抬起头，慢慢地说道：

“你今天说现成话，那时你……”

“你这活死尸的囚徒……”

看客中间，八一嫂是心肠最好的人，抱着伊的两周岁的遗腹子，正在七斤嫂身边看热闹；这时过意不去，连忙解劝说：“七斤嫂，算了罢。人不是神仙，谁知道未来事呢？便是七斤嫂，那时不也说，没有辫子倒也没有什么丑么？况且衙门里的大老爷也还没有告示，……”

七斤嫂没有听完，两个耳朵早通红了；便将筷子转过向来，指着八一嫂的鼻子，说：“阿呀，这是什么话呵！八一嫂，我自己看来倒还是一个人，会说出这样昏诞胡涂话么？那时我是，整整哭了三天，谁都看见；连六斤这小鬼也都哭，……”六斤刚吃完一大碗饭，拿了空碗，伸手去嚷着要添。七斤嫂正没好气，便用筷子在伊的双丫角中间，直扎下去，大喝道：“谁要你来多嘴！”

扑的一声，六斤手里的空碗落在地上了，恰巧又碰着一块砖角，立刻破成一个很大的缺口。七斤直跳起来，捡起破碗，合上了检查一回，也喝一声，一巴掌打倒了六斤。六斤躺着哭，九斤老太拉了伊的手，连说着“一代不如一代”，一同走了。

八一嫂也发怒，大声说，“七斤嫂，你‘恨棒打人’……”

赵七爷本来是笑着旁观的；但自从八一嫂说了“衙门里的大老爷没有告示”这话以后，却有些生气了。这时他已经绕出桌旁，接着说：“‘恨棒打人’，算什么呢。大兵是就要到的。你可知道，这回保驾的是张大帅①，张大帅就是燕人张翼德的后代，他一支丈八蛇矛，就有万夫不当之勇，谁能抵挡他，”他两手同时捏起空拳，仿佛握着无形的蛇矛模样，向八一嫂抢进几步道，“你能抵挡他么！”

八一嫂正气得抱着孩子发抖，忽然见赵七爷满脸油汗，瞪着眼，准对伊冲过来，便十分害怕，不敢说完话，回身走了。赵七爷也跟着走去，众人一面怪八一嫂多事，一面让开路，几个剪过辫子重新留起的便赶快躲在人丛后面，怕他看见。赵七爷也不细心察访，通过人丛，忽然转入乌桕树后，说道：“你能抵挡他么！”跨上独木桥，扬长去了。

---

① 张大帅：指张勋（1854—1923），江西奉新人，北洋军阀之一。原为清朝军官，辛亥革命后，他和所部官兵仍留着辫子，表示忠于清王朝，被称为“辫子军”。1917 年 7 月 1 日他在北京扶持清废帝溥仪复辟，7 月 12 日即告失败。

村人们呆呆站着，心里计算，都觉得自己确乎抵不住张翼德，因此也决定七斤便要没有性命。七斤既然犯了皇法，想起他往常对人谈论城中的新闻的时候，就不该含着长烟管显出那般骄傲模样，所以对于七斤的犯法，也觉得有些畅快。他们也仿佛想发些议论，却又觉得没有什么议论可发。嗡嗡的一阵乱嚷，蚊子都撞过赤膊身子，闯到乌桕树下去做市；他们也就慢慢地走散回家，关上门去睡觉。七斤嫂咕哝着，也收了家伙和桌子矮凳回家，关上门睡觉了。

七斤将破碗拿回家里，坐在门槛上吸烟；但非常忧愁，忘却了吸烟，象牙嘴六尺多长湘妃竹烟管的白铜斗里的火光，渐渐发黑了。他心里但觉得事情似乎十分危急，也想想些方法，想些计划，但总是非常模糊，贯穿不得："辫子呢辫子？丈八蛇矛。一代不如一代！皇帝坐龙庭。破的碗须得上城去钉好。谁能抵挡他？书上一条一条写着。……"

第二日清晨，七斤依旧从鲁镇撑航船进城，傍晚回到鲁镇，又拿着六尺多长的湘妃竹烟管和一个饭碗回村。他在晚饭席上，对九斤老太说，这碗是在城内钉合的，因为缺口大，所以要十六个铜钉，三文一个，一总用了四十八文小钱。

九斤老太很不高兴的说，"一代不如一代，我是活够了。三文钱一个钉；从前的钉，这样的么？从前的钉是……我活了七十九岁了，——"

此后七斤虽然是照例日日进城，但家景总有些黯淡，村人大抵回避着，不再来听他从城内得来的新闻。七斤嫂也没有好声气，还时常叫他“囚徒”。

过了十多日，七斤从城内回家，看见他的女人非常高兴，问他说，“你在城里可听到些什么？”

“没有听到些什么。”

“皇帝坐了龙庭没有呢？”

“他们没有说。”

“咸亨酒店里也没有人说么？”

“也没人说。”

“我想皇帝一定是不坐龙庭了。我今天走过赵七爷的店前，看见他又坐着念书了，辫子又盘在顶上了，也没有穿长衫。”

“……”

“你想，不坐龙庭了罢？”

“我想，不坐了罢。”

现在的七斤，是七斤嫂和村人又都早给他相当的尊敬，相当的待遇了。到夏天，他们仍旧在自家门口的土场上吃饭；大家见了，都笑嘻嘻的招呼。九斤老太早已做过八十大寿，仍然不平而且康健。六斤的双丫角，已经变成一支大辫子了；伊虽然新近裹脚，却还能帮同七斤嫂做事，捧着十八个铜钉①的饭碗，在土场上一瘸一拐的往来。

一九二〇年十月

---

① 十八个铜钉：据上文应是“十六个”。

2. 洋 相

⊙冯骥才

自打洋人开埠，立了租界，来了洋人，新鲜事就入了天津卫。“租界”这两字过去没听说过，黄毛绿眼的洋人没见过，于是老城这边对租界那边就好奇上了。

开头，天一擦黑，人们就到马家口看电灯，那真叫天津人开了眼。洋人在马家口教堂外立根杆子，上面挂个空心的玻璃球，球上边还罩个铁盘子，用来遮雨。围观的人不管大人小孩全仰着脑袋，张着嘴儿，盯着那个神奇的玻璃球，等着瞧洋人的戏法。天一暗下来，那玻璃球忽地亮了，亮得出奇，直把下边每张脸全都照亮，周围一片也照得像大太阳地，人们全都哎哟一声，好像瞧见神仙显灵了。洋人用嘛鬼花活叫这个玻璃球一下变亮的？

再一样，就是冬天里去南门外瞧洋人滑冰。南门外全是水塘河道，天一上冻，结上光溜溜的冰，那些大胡子、小胡子和没胡子的洋人就打租界里跑来，在鞋底绑上快刀，到冰上滑来滑去，转来转去，得意至极。他们见中国人聚在河堤上看他们，更是得意，原地打起旋儿来，好比陀螺。有时玩不好，一个趔趄摔屁股蹲儿，或者四仰八叉躺在冰上，引来众人齐声大笑。当时有位文人的一首诗就是写这情景：

脚缚快刀如飞龙，
舒心活血造化功。
跌倒人前成一笑，
头南脚北手西东。

不久，就有些小子去到租界那边弄洋货，再拿回到老城这边显摆。一天，一个小子搬了个自鸣钟到东北角大胡同的玉生春茶楼上，摆在桌上，上了弦，这就招了一帮人围着看，等着听它打点。到点打钟，钟声悦耳，这玩意儿把天津人镇住了，茶楼上一天到晚都坐满了人，把玉生春的老板美得嘴都闭不上了，说要管那个抱钟来的小子免费喝茶吃东西。没过十天，玉生春又来个中年人，穿戴得体，端着一个讲究的锦缎包，先搁在桌上，再打开包，露出一个挺花哨的鎏金的洋盒子，谁也不知干吗用的。只见他也拧了弦，可不打点，盒里边居然叮叮当当奏出音乐，好听得要死。人称这小魔盒为“八音盒子”。这一来，来玉生春喝茶看热闹的人又多一倍，连站着喝茶的也有了。

不多时候，老城东门里大街上忽然出现一个怪人，像洋人，又不像洋人，中等个，三十边儿上，穿卡腰洋褂子，里边小洋坎肩，领口有只黑绸子缝的蝴蝶，足蹬高统小洋靴，头顶宽檐小洋帽，一副深色茶镜遮着脸，瞧不出是嘛人。看长相，像洋人，可是再看鼻子小了点。洋人鼻子又高又大前边带钩，俗称“鹰钩鼻子”；这人鼻子小，圆圆好赛小蒜头。

这怪人在街头站了一会儿，忽然打腰里掏出一个小纸盒，从里边抽出一根一寸多长的小细木棍儿，棍儿一头顶着个白头。他举起小木棍儿，从上向下一划，白头一蹭衣褂，嚓地生出火来，把木棍儿引着，令街上的众人一大惊，不知怪人这小棍儿是嘛奇物。怪人待手里的小木棍儿烧到多半，扔在地上，跟着从小盒再抽一根，再划，再生火，再烧，再扔。就这么一连划了十多根，表演完了，嘛话没说，扬长而去。

从此天津人称怪人这种“一划就着”的玩意儿叫“自来火”。

怪人走后十天，又来到东门里大街上，换了穿戴，领口那蝴蝶换只金色的。他又掏出自来火，划着；可这次没扔，而是打口袋又掏出一个纸盒来，这纸盒比自来火那纸盒大一号，上边花花绿绿印了一些外国字；他从盒里抽出一根，这根不是木棍儿，而是小拇指粗细大小白色的纸棍儿，他插在嘴上，使自来火点着，街两边的人吓得捂耳朵，以为要放炮。谁料他点着后不冒火，只冒烟；他嘬了两口，张嘴吐出的也是烟。人们不知他干吗，站在近处的却闻出一股烟叶味，还有股子异香。去过租界的人知道这是洋人抽的烟。原来洋人不抽烟袋，抽这种纸卷的怪烟，烟不放在腰间，藏在衣兜里。

从此天津人称这种洋烟叫“衣兜烟卷”。

这一阵子老城东门里大街上天天聚着一些人，有的人就是等着看这怪人和怪玩意儿。可是他不常露面，一露面就惹得满城风雨。一天，他牵来一只狗。这狗白底黑花，体大精瘦，两耳过肩，长舌垂地，双眼赛凶魔。它从街上一过，连街上的野狗不单吓得一声不出，一连几天不敢露头。

人要出头出名，就该有人琢磨了。这怪人到底是谁，是真洋人还是冒牌货？不久就有两样说法截然相反。一说，他家在西头，父亲卖盐，花钱不愁，近些年父亲总在南边跑买卖，没人管他，他特迷洋人，整天泡在租界里，举手投足都学洋人。另一说，这怪人是地道洋人，刚到租界才一年，觉得老城新鲜，过来逛逛而已，听说还会说一句半句中国话。进而有人说这怪人是英吉利人，叫巴皮。

那时候，天津卫闹新潮，常有人演讲。讲新风，反旧习，倡文明。演讲的地方在估衣街谦祥益对面的总商会，主办是广智馆。一天，总商会又有演讲会，先上来一位先生站在台前，向台下边听众介绍一位来自租界的贵宾。跟着怪人出现了，还是那身穿戴，脖子上的蝴蝶又换成了白底绿格的了。他上来弯下腰手一撇，行个洋礼，说几句洋话。

下边一个学生说："他说的是哪国话？不像英文。我可是学英文的。"

这下人们就议论开了。

下边忽有人叫道："你是叫巴皮吗？"

这怪人好似生怕给别人认错，马上说："我就是巴皮。"

下边人接着问："你打哪儿学的中国话，怎么还是天津味的？"

这话问过，众人一寻思，怪人刚刚说的话还真有点天津口音。

怪人一怔，不好答。

下边人又问："你爹是谁？"

怪人又一怔，马上把话跟上说："米斯特·巴皮。"

没想到下边问话这人放大嗓门说："小子，睁大眼看看我是谁！我才是你爹！我刚打广东回来。巴皮？巴嘛皮？快把这身洋皮给我扒下来回家！别在这儿出洋相了。"

自打这天，天津人管学洋人装洋人的叫作"出洋相"。

现在人说的"出洋相"，这典故就是从这件事来的。

3. 揣　摩

⊙叶圣陶

一篇好作品，只读一遍未必能理解得透。要理解得透，必须多揣摩。读过一遍再读第二第三遍，自己提出些问题来自己解答，是有效办法之一。说有效，就是增进理解的意思。

空说不如举例。现在举鲁迅的《孔乙己》为例，因为这个短篇大家熟悉。

读罢《孔乙己》，就知道用的是第一人称写法。可是篇中的“我”是咸亨酒店的小伙计，并非鲁迅自己，咱们确切知道鲁迅幼年没当过酒店小伙计。这就可以提出个问题：鲁迅为什么要假托这个小伙计，让这个小伙计说孔乙己的故事呢？

用第一人称写法说孔乙己，篇中的“我”就是鲁迅自己，这样写未尝不可，但是写成的小说会是另外一个样子，跟咱们读到的《孔乙己》不一样。大概鲁迅要用最简要的方法，把孔乙己活动的范围限制在酒店里，只从孔乙己到酒店里喝酒这件事上表现孔乙己。那么，能在篇中充当“我”的唯有在场的人。在场的人有孔乙己，有掌柜，有其他酒客，都可以充当篇中的“我”，但是都不合鲁迅的需要，因为他们都是被观察被描写的对象。对于这些对象，须有一个观察他们的人。于是假托一个在场的小伙计，让他来说孔乙己的故事。小伙计说的只限于他在酒店里的所见所闻，可是，如果咱们仔细揣摩，就能从其中得到不少东西。

连带想到的可能是如下的问题：幼年当过酒店小伙计的一个人，忽然说起二十多年前的故事来，是不是有点儿不自然呢？

仔细一看，鲁迅交代清楚了。原来小伙计专管温酒，觉得单调，觉得无聊，“只有孔乙己到店，才可以笑几声，所以至今还记得”。至今还记得，说给人家听听，那是很自然的。

从这儿又可以知道第一第二两节并非闲笔墨。既然是说当年在酒店里的所见所闻，当然要说一说酒店的大概情况，这就来了第一节。一个十几岁的孩子勉勉强强留在酒店里当小伙计，这也“侍候不了”，那也“干不了”，只好站在炉边温酒，他所感到的单调和无聊可以想见。因此，第二节就少不得。有了这第二节，又在第三节里说“掌柜是一副凶脸孔，主顾也没有好声气”，那么“只有孔乙己到店，才可以笑几声”的经历，自然深印脑筋，历久不忘了。

故事从“才可以笑几声”说起，以下一连串说到笑。孔乙己一到，“所有喝酒的人便都看着他笑”。“众人都哄笑起来，店内外充满了快活的空气”，说了两回。在这些时候，小伙计“可以附和着笑”。掌柜像许多酒客一样，问孔乙己一些话，“引人发笑”。此外还有好几处说到笑，不再列举了。注意到这一点，就会提出这样的问题：这篇小说简直是用“笑”贯穿着的，取义何在呢？

小伙计因为“才可以笑几声”而记住孔乙己，自然用“笑”贯穿着他所说的故事；这是最容易想到的回答。但是不仅如此。

故事里被笑的是孔乙己一个人，其他的人全是笑孔乙己的，这不是表明孔乙己的存在只能作为供人取笑的对象吗？孔乙己有他的悲哀，有他的缺点，他竭力想跟小伙计搭话，他有跟别人交往的殷切愿望。所有在场的人可全不管这些，只是把孔乙己取笑一阵，取得无聊生涯中片刻的快活。这不是表明当时社会里人跟人的关系，冷漠无情到叫人窒息的地步吗？为什么会冷漠无情到这样地步，故事里并没点明，可是咱们从这一点想开去，不是可以想得很多吗？

第九节是这么一句话：“孔乙己是这样的使人快活，可是没有他，别人也便这么过。”这句话单独作一节搁在这儿，什么用意呢？

最先想到的回答大概是结束上文。上文说孔乙己到来使酒店里的人怎样怎样快活，这儿结束一下，就说他“是这样的使人快活”。这样回答当然没有错。但是说“可是没有他，别人也便这么过”，又是什么意思呢？这不是说孔乙己来不来，存在不存在，全跟别人没有什么关系吗？别人的生涯反正是无聊，孔乙己来了，把他取笑一阵，仿佛觉得快活，骨子里还是无聊；孔乙己不来，没有取笑的对象，也不过是个无聊罢了，这就叫“也便这么过”。“也便这么过”只五个字，却是全篇气氛的归结语，又妙在确然是小伙计的口吻。当年小伙计在酒店里，专管温酒的无聊职务，不是“也便这么过”吗？

还有不少问题可以提出，现在写一些在这儿。

第一节说酒店的大概情况，点明短衣帮在哪儿喝，穿长衫的在哪儿喝，跟下文哪一处有密切的联系呢？

开始说孔乙己的形象，用“身材很高大；青白脸色，皱纹间时常夹些伤痕；一部乱蓬蓬的花白的胡子”这些话是仅仅交代形象呢，还是在交代形象之外，还含有旁的意思要咱们自己领会？

为什么“孔乙己一到店，所有喝酒的人便都看着他笑”呢？

孔乙己说的话，别人说的话，都非常简短。他们说这些简短的话的当时，动机是什么？情绪是怎样呢？

孔乙己的话里有“污人清白”“窃书”“君子固穷”“多乎哉？不多也”之类的文言。这除了照实摹写孔乙己的口吻之外，有没有旁的作用呢？

孔乙己到店时候的情形，有泛叙，有特叙，泛叙叙经常的情形，特叙叙某一天的情形。如果着眼在这一点上，是不是可以看出分别用泛叙和特叙的作用呢？

掌柜看孔乙己的账，一次是中秋，一次是年关，一次是第二年的端午，为什么呢？

诸如此类的问题，还可以提许多。

几个人读同一篇作品，各自提出些问题，决不会个个相同。但是可能个个都有价值，足以增进理解。

理解一篇作品，当然着重在它的主要意思。但是主要意思是靠全篇的各个部分烘托出来的，所以各个部分全都不能轻轻放过。体会各个部分，总要不离作品的主要意思。提出来的必须是合情合理的值得揣摩的问题。要是硬找些不相干的问题来抠，那就没有意义了。

鲁肃指囷（qūn）

出自《三国志》。三国时吴国的鲁肃家庭富足，好施舍救济别人。当时周瑜任居巢长，急需军粮，便率几百人到鲁肃家请求资助。鲁肃见周瑜神采飘逸，知道他定是栋梁之材，有心与他交往，便把他拉到自家粮仓，手指粮仓说："我家中有米两囷（一种圆形的谷仓），送你一囷。"周瑜非常惊奇，也非常钦佩，于是二人结为好友。

【典意】形容慷慨解囊，鼎力资助。

单元学习任务

任务一

本单元的小说中哪个人物形象让你印象深刻？请你把该人物最有特点的语言、动作或外貌描写简单梳理一下吧！

人物：

语言描写：

动作描写：

外貌描写：

任务二

假如你是电影《白光》《洋相》的导演，拍摄时你会选取哪几个主要的生活片段来表现人物形象？为什么？

任务三

请你仿照下面的“孔乙己履历表”，据此与同学讨论交流，也为本单元小说中的主人公设计一份履历表，以便于他们找一份合适的工作。

孔乙己履历表

姓 名	姓孔，名不详	籍 贯	鲁镇
年 龄	五十多岁	出生年月	晚清（具体不详）
学 历	童生（半个秀才也没捞到）（终于没有进学）	身体状况	身材高大、被打致残
特 长	写得一笔好字	推荐工作	书法教师
家庭成员	无		
主要工作成就	一事无成		
主要优点	不拖欠酒钱，善良而且热心		
主要缺点	好喝懒做、偷东西、迂腐、死要面子		
总评价	孔乙己是个热衷功名、轻视劳动、好喝懒做、死要面子、迂腐可笑而又有善良一面的读书人		

反转人生

文似看山不喜平，人生亦是如此。巴尔扎克曾说过，人生是由各种不同的变故、循环不已的痛苦和欢乐组成的。那种永远不变的蓝天只存在于心灵中间，向现实的人生去要求未免是奢望。人生不是死水一潭，也不总是一帆风顺，总会出现一些激流险滩，给你的旅程平添一些色彩。宋代苏洵有言：“为将之道，当先治心。泰山崩于前而色不变，麋鹿兴于左而目不瞬，然后可以制利害，可以待敌。”

转危为安，往往需要高超的心智，更需要良好的心态。通过本单元的这组小说，希望你能意识到：多思索少冲动，多仁爱少怨恨，人生才会变得更加美丽。

小官吏之死

⊙〔俄国〕契诃夫

一个美好的夜晚，一位同样美好的庶务官，大名叫伊凡·德米特里奇·切尔维亚科夫，正坐在剧院第二排的座椅上，眼对望远镜，观看轻歌剧《科尔涅维利的钟声》[①]。看着看着，只觉得身子飘飘然起来。但是，突然间——说来小说里出现“突然间”的字样是常有的事。小说的作者没错，不是吗，生活中不乏意外事件——突然间他的脸皮皱了起来，眼皮向上一翻，喘不过气来……他放下望远镜，头一低……一声“阿嚏！”，瞧见没有，他只是打了个喷嚏。打喷嚏嘛，不问什么场合谁也不犯禁的。庄稼汉会打，警长会打，有时甚至连二三品的高官也会打。谁也免不了

小说开头从一个常见的喷嚏说起，作者用意何在？

①《科尔涅维利的钟声》：法国作曲家普朗盖特（1847—1903）所作的轻歌剧。

打个喷嚏。切尔维亚科夫自然丝毫不会为此而感到不自在。他只是拿出手绢擦擦脸，像个知书达礼的人那样，打量一下四周，看看自己这一个喷嚏有没有打扰到别人。这一看不要紧，只害得他顿时心慌意乱起来。只见坐在自己前面第一排座椅上的一位老者拿着手套擦自己的秃脑门和脖子，嘴里还嘟嘟哝哝着什么。切尔维亚科夫认出这老者居然是在交通部门任职的三品文官布里扎洛夫将军。

“我的唾沫星子准溅到他了！”切尔维亚科夫暗想，“虽说他不是我的顶头上司，是别的部门长官，可到底不妥。得跟他赔个不是。”

切尔维亚科夫清了清嗓子，身子前探，凑着将军的耳根低声说道：

“对不起，大人，我的唾沫星子溅到您了……我是无意的……”

“没事，没事……”

“看在上天的分上，敬请原谅……我可是无意的！”

“嘿，您请坐下吧！听戏！”

切尔维亚科夫挺不自在，尴尬一笑，看起了戏。看着看着，再也没有方才那种飘飘欲仙的感觉了，只觉得浑身不自在。幕间休息的时候，他来到布里扎洛夫跟前，在他四周来来去去走了几圈，终于鼓起勇气，大着胆嗫嚅道：

“方才我的唾沫溅上您了，大人，……敬请原谅……我可是无心的……”

“嗨，别说了……我早已不放在心上了，您干吗老提起？”将军说罢，撇了撇嘴唇。

“说是不放在心上，可瞧他那眼神多凶狠。”切尔维亚科夫疑疑惑惑地望着将军，心想，“连话也不想多说。得跟他解释解释，我那是完全无心造成的……打喷嚏到底是自然规律，别认为我想啐他。他即使现在不这么想，过后准这么认为！……”

精彩的心理描写，展示出人物内心的不安。从中可以看出小官吏怎样的性格特征？

切尔维亚科夫回家后，把自己的失礼行为告诉了妻子。在他看来，妻子对这一事件的反应态度不免失之轻率。开始时她吓了一跳，后来听说对方是“别的部门的长官”，便放宽了心。

“不过你还是过去给人家赔个不是。”她说，“要不他还以为你在公共场合不懂礼貌！”

“正是！我是道过歉了，可他怪怪的……一

句中用的话也没说。再说当时也没时间多谈。”

第二天切尔维亚科夫穿上新制服，刮了脸，向布里扎洛夫将军解释去了……他一进将军的接待室，就看到里面有不少访客，将军本人就在这些求见的人中间，开始接待来客。将军细细询问过几个人后，便抬头看了看切尔维亚科夫。

重复的道歉情节，重复的对话场面，将军不同的回答，引发小官吏的心理变化，推动情节发展。

“大人，您还记得吧，昨天在阿尔卡吉亚剧场，”庶务官报告说，“我打了个喷嚏……不小心唾沫星子溅到了您……对不……”

“多大的事……天知道！您到底要干吗？”将军转身招呼起下一个来访者。

“他连话也不想跟我说！”切尔维亚科夫见此情景，顿时脸色变得刷白，“可见他生气了……不行，不能就此罢休……我得给他解释解释……”

将军接待完最后一名来访者，正要回内室，切尔维亚科夫拔腿追了上去，嘟嘟哝哝道：

“大人！请原谅我斗胆向您说几句，我这是出自一片悔恨之心！我完全是无意的，请海涵，大人！”

将军听罢摆起了哭丧脸，手一挥。

“天哪，您开哪门子玩笑！”他说着，进了门，不见了他的人影儿。

“开哪门子玩笑？”切尔维亚科夫心想，“哪门子玩笑也没开！身为将军，居然还不理解！早知道这样，我死活也不会向这爱摆架子的人赔不是了。见他的鬼！我这就给他写封信，再也不去找他了！真的，再也不去找他了！”

切尔维亚科夫回家的路上就这么琢磨着。但结果他还是没有给将军写信。他想呀想，绞尽了脑汁还是想不好如何下笔。第二天只得再去向他当面解释。

“昨天我打扰了您，大人，”他一见将军向他投过疑惑的目光，忙嗫嚅道，“我来并非与大人您开什么玩笑，我是因为打了喷嚏，唾沫星子溅了大人您，我是来赔不是的。我没想过开什么玩笑。我哪有那么大的胆子敢开玩笑？要是你我彼此会开什么玩笑，那还谈得上尊卑之别吗？”

“滚！”将军听得火冒三丈，脸色铁青，浑身哆嗦，大喝道。

“什么？”切尔维亚科夫吓得顿时丧魂失魄，低声问道。

两个“滚”字，表明将军被彻底激怒，也间接导致切尔维亚科夫的死亡。请你想一下，造成这种结局的根本原因是什么？

“滚！”将军跺了跺脚，又喝了一声。

这时的切尔维亚科夫已五脏六腑俱裂，什么也看不见、听不到，艰难地退到了门外，来到街上，拖着沉重的步伐迷迷糊糊向家里走去。回到家，制服也不脱，翻身倒在沙发上……一命呜呼。

1883年

（姚锦镕/译）

契诃夫以幽默、讽刺、夸张的表现手法和精练的语言，刻画出一个被腐朽制度摧残的人物形象，反映了当时俄国社会森严的等级制度所造成的人们扭曲的性格及变态的心理，具有深刻的社会意义。作品最有魅力的地方是契诃夫对主人公内心活动的细致刻画，在这篇短篇小说中，充满了对人物内心独白的描写。阅读时要用心体会这种独特的创作技巧在小说中的运用及表达效果。

1. 心与手

⊙〔美国〕欧·亨利

丹佛车站里，一群旅客正在登上开往东部的B&M特快列车。在其中一节车厢里，坐着一位年轻漂亮的女士，她衣着高雅，一看就是一位有经验的旅行者，因为她身边堆放着的都是舒适旅行会用到的高档物品。在新上来的乘客中间，有两个年轻男子：一个英俊潇洒，表情和举止间都显示出坦诚和率直；另一位则面色阴沉、忧虑，体格健壮却穿着不整的衣衫。这两个人的手被一副手铐连在了一起。

他们沿着车厢的通道走了过来，唯一还空着的就是那位迷人的年轻女士对面的座位。铐在一起的两个人于是坐在了她的对面，年轻女子的目光不经意间冷漠而又疾速地扫过了他们两个。临了，女子的脸上浮现出灿烂可爱的笑容，圆圆的脸颊也着上了淡淡的红晕，她伸出了一只戴着灰色手套的手。在她开口说话的时候，她的声音圆润、甜美，字斟句酌，一听就知道这位声音的主人擅长讲话，而且喜欢有人捧场。

“哦，伊斯顿先生，如果你是想让我先跟你打招呼的话，我想，那我只好先开口了。难道你在西部遇到老朋友的时候，就从来不跟他们打招呼吗？”

听到她的声音，那位更年轻一点儿的男子吓了一跳，不过，他很快地就掩饰住了自己的尴尬，接着，用他的左手握住了她的手指。

“原来是费尔蔡尔德小姐呀，”他笑着说，“我请你原谅我没有用我的右手，因为它现在有公务在身。”

他略微地往起抬了抬右手，手腕处那只锃亮的“手镯”紧紧地扣在同伴的左手上。

姑娘脸上高兴的表情渐渐地变成了困惑和恐惧。她脸颊上的光彩逝去了。她的嘴唇张开着，流露出不解和担忧的神情。伊斯顿看到她这样，不由得笑了起来，准备再次开口的时候，却被与他同行的那位男子抢了先。原来，面色阴郁的男子一直在用他那锐利、精明的目光观察着女子脸上表情的变化。

“请原谅我冒昧地插话，小姐，但是，我看得出你与这位警长是老相识了。如果你请他在我们做笔录的时候，帮我说上几句话，他一定会的，那样的话，我在里面的日子就会好过得多。他现在是把我送往莱文沃斯监狱，我因为制造假币被判了七年。”

“噢！”姑娘深深地舒了一口气，脸上又有了光彩，“这就是你在西部所做的事情吗？你成了一名警长！”

“亲爱的费尔蔡尔德小姐，”伊斯顿平静地说，“我总得做点儿事情吧。钱花起来总是很快的，你知道，要想与华盛顿那帮朋友生活得步调一致，是需要有金钱支持的。我看到西部发展和就业的机会都更多一点儿，而且——哦，一个警长的地位显然不如一个大使的高，不过……”

“那位大使早就不再来找我了，”姑娘热情地说，“他原本就不必来。这一点你该知道。现在，你是这些英勇的西部英雄中的一员了，你骑着马射击、拼杀，经历各种危险。这是一种与华盛顿不同的生活。老朋友们都很想念你呢，伊斯顿。”

姑娘满含着激情的目光又一次落在了那光闪闪的手铐上，她的眼睛瞪大了。

“不要害怕这个，小姐，”另一位男子说，“所有的警长在押送犯人的时候，都是把自己和罪犯铐在一起的，以防他们逃跑。伊斯顿先生知道自己的职责。”

“我们在华盛顿能很快见到你吗？”姑娘问。

“我想，我们不会很快就见面的，”伊斯顿说，“我逍遥自由的日子恐怕已经结束了。”

“我喜欢西部。”姑娘没有接小伙子的话茬，只是说着她内心的感受。她看着车窗外面的景色，眼睛里闪烁着温柔的光芒。当她再次说话的时候，她说得真诚、率真，没有了平日里那种对语言的修饰：“我和妈妈是在丹佛度过这个夏天的。因为父亲身体不适，母亲在一个星期前回去了。我觉得在西部我也可以生活得很快活，我想，那里的空气很适合我。金钱并不能代表一切。人们对有些事情总是有不正确的看法，而且固执地坚持这些错误……”

“哦，警长先生！”脸色阴沉的男子大声喊了起来，“这很不公平。我要喝水，而且一整天没有抽烟了。你们聊够了没有？带我到吸烟车厢好吗？我实在是想抽上两口了。”

铐在一起的两个旅客站了起来，伊斯顿脸上仍然挂着笑容。

“我不能拒绝一个要求吸烟的请求，”伊斯顿语调轻快地说，“香烟是不幸者的一个朋友。再见，费尔蔡尔德小姐。职责所在，想必你也能理解。”他伸出手与姑娘告别。

“你不回东部，真是太遗憾了。”她又修饰起自己的语言，“我想，你是必须去往莱文沃斯了？”

“是的，”伊斯顿说，“我必须赶往莱文沃斯。”

两个男人侧着身子，通过走廊去往吸烟车厢。在邻近座位上的两位乘客听到了他们大部分的谈话。其中的一个说：“这位警长是一个好人。有些西部人心地真好。”

“那么年轻就当上了警长，不是吗？”另一个说。

“年轻！”首先开口的那位乘客说，“噢！怎么，你难道没有看出来吗？哦，你见过哪位警官是将罪犯铐在自己右手上的呢？”

（王晋华/译）

2. 划　痕

⊙宋以柱

天刚冒白。老林已经起床了，第一件事，自然是泡茶。这是老林退休后，给自己找的乐子。茶是日照绿，不算好，也不算孬。他喜欢倒腾来倒腾去的那点事。老林瘦高，肤色白皙，一半白发。退休前，老林是某局的副局长。

外面“嗵”的一声门响。楼道上一阵乱响。长长的干呕的声音，吐痰的声音，下楼梯的声音，点烟的声音。在屋里坐着的老林，慢悠悠地倒腾着茶水，脸上浮出了微笑。

下楼的是五楼的小伙，才搬来半年，前不久结了婚。不知道干啥工作的，染着黄发，手臂上有刺青，看不清是啥玩意，常常光着膀子就出家门。

老林放下小茶壶，站起来，慢步走到窗前，背着手，看着楼下。

小伙子出了楼道，走到一辆黑色的轿车前，歪头吐了一口痰，左手拉车门要上的时候，突然身子定住了。

楼上站在窗口的老林，往后一撤身子，脸上笑了一下。

这时候，下面传来吼叫，一连串的吼叫：

“是哪个？是哪个？把我的车划了？”

停着的车身上，从前到后，一道长长的白色的划痕。很长，很粗，很扎眼。

小伙子蹲下去看了看。站起来，脸冲楼上又叫骂起来：

“我知道是谁？别在家装死，有种的下来试试！”

楼上开始有人往下走。首先是小伙的新婚媳妇，脸红红的，一个劲儿问怎么了怎么了，待看清是车被划了，就站在一边不说话了。

老林是最后一个下来的。

他一下来，就被小伙子抓住了胸口的衣服。小伙子的拳头刚举起来，后面一只手攥住了他的拳头。

“小伙子，这么武断，你怎么知道是老林划的？”小伙一回头，是同楼的胖警察。他不知道他的名字，但是知道他是个警察，只要是上班，必然着装整齐地去。

“就是他划的我的车，就数他管闲事多，我车放在这里，又没有妨碍他，有他什么事？”

“我要报警。”小伙摆脱了胖警察的手，掏手机要打电话。

胖警察又一把抓住小伙拿手机的手。

“还用报警吗？我就是警察。”

“那你说怎么办吧？我的车谁来赔？”小伙恶狠狠地吐着

痰，又掏出一根烟点上。

“这个简单，我们先看一看录像。”胖警察指着墙上的摄像头说，“先看看谁干的。”

这时候，老林微微笑着往前一步说：“不用看了，是我划的。”

小伙对着胖警察说：“你看看，我说的没错吧。这回赔钱我也不要了，我要新车。”又用拿烟的手一个劲儿地指着老林，脸上恶狠狠的。

胖警察转半个身子，对着老林，声音略微低下来：“咋回事？林局长，你……”

“我就是想教训教训这小子，平时太不注意了。关门，咳嗽，扔烟头，一点儿也不注意，说他几次，不但不听，还想打人的架势。这楼上有好几个高中生、初中生，没法休息，没法学习，都敢怒不敢言。”

胖警察说：“林局长，那也不能拿车说事啊，您糊涂了？”

老林依旧慢悠悠：“尤其他这停车，不管啥时候回来，把车往路中间一停。这位置恰好在1号楼和2号楼之间。两头的车进不来，出不去。请他挪挪车吧，他高低不下楼，嘴里还不干不净的。”

老林指着小伙的媳妇：“大伙问问她，我说的这些是不是真的？”

那新媳妇红了脸，低了头。

胖警察刚要说话，老林把手掌竖起来说：“放心，小伙子，只要你慢慢改掉这些毛病，和大家好好做邻居，多为邻居们考虑考虑，我情愿赔你一辆新车。”

小伙的媳妇环视一圈说：“是我们不对，年轻不懂事，今后我们改。我给大家道歉了。” 说完，微微低低头。

小伙拿眼瞪他媳妇，被她媳妇推了一个趔趄，就不说话了。

老林哈哈一笑，拉着胖警察的手，到车跟前，蹲下来，在那道白色划痕的上面，用手指碰了一下，竟然扯起来了一个小角，然后慢慢扯了下来。

划痕是老林精心搞的一个骗局。

有人笑。

有人偷着给老林竖大拇指。

小伙悄悄地把烟掐灭，四下看了一下，把烟头装进口袋里，感激地看着老林，踌躇了一下，走向前去，握住了老林的手。

这时候，外围有个小女孩喊了一声：“看天上的那道黑烟，真像一道伸向蓝天的划痕。”大伙循声音看去，东边的工业园上空，有一个高耸的烟囱，正呼呼往蓝天上冒着黑烟。

这时候，老林掏出手机说：“这回是真的要报警了。”

单元学习任务

任务一

现实社会中，总有让我们难以释怀的人或事，《小官吏之死》和《划痕》就是这样影射现实的两篇小说。请你当一回医生，给小官吏和车主小伙看看病，写一份诊断报告，内容包括症状、病因，最后给病人开个比较有效的处方。

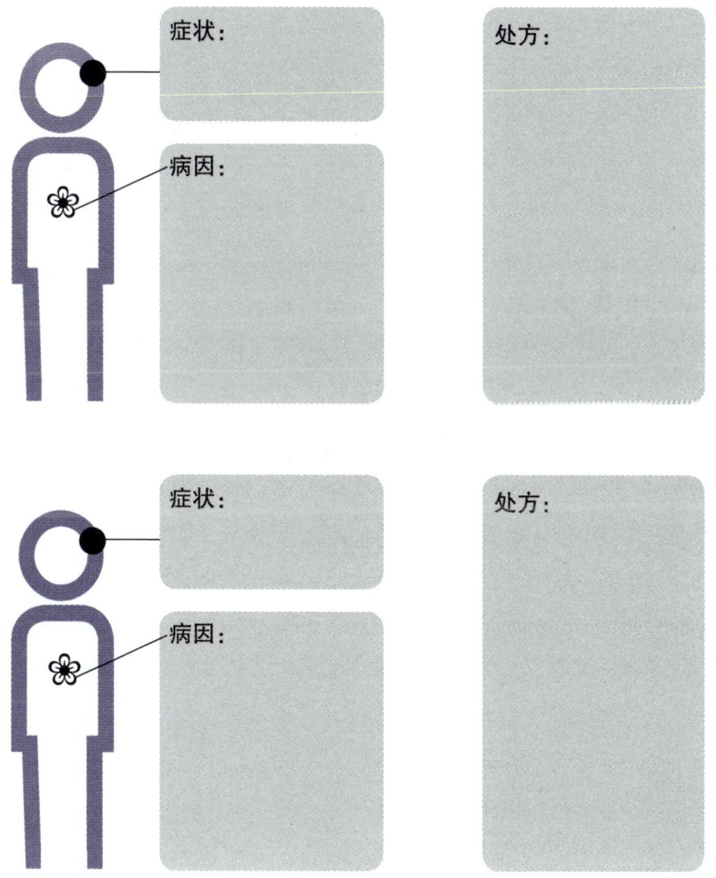

任务二

写小说切忌平铺直叙，一波三折、跌宕起伏能够体现作者的匠心所在。请大家阅读本单元几篇小说后，选取其中你感觉最有意思的一篇，试着画出小说的情节思维导图。

别样人物

小说是以刻画人物为中心，通过完整的故事情节和具体的环境描写反映社会生活，或通过情节的展开和环境的渲染反映社会生活的一种文学体裁。人物是小说的核心。小说中的人物称为典型人物，可以通过人物的外貌、动作、语言、心理、神态等进行描写。典型人物是作者根据现实生活创作出来的，他不同于真人真事，“杂取种种，合成一个”，通过“别样”人物反映生活，更集中，更有代表性。

阅读本单元的文章，如果我们想准确评价小说中的人物形象，就要认真分析作者对人物的描写——外貌描写、语言描写、动作描写、心理描写等，从而评价人物的性格特征，进而发掘出各色人物善恶美丑的精神世界。

1. 陈小手

⊙汪曾祺

我们那地方，过去极少有产科医生。一般人家生孩子，都是请老娘。什么人家请哪位老娘，差不多都是固定的。一家宅门的大少奶奶、二少奶奶、三少奶奶，生的少爷、小姐，差不多都是一个老娘接生的。老娘要穿房入户，生人怎么行？老娘也熟知各家的情况，哪个年长的女用人可以当她的助手，当“抱腰的”，不需临时现找。而且，一般人家都迷信哪个老娘“吉祥”，接生顺当。——老娘家供着送子娘娘，天天烧香。谁家会请一个男性的医生来接生呢？——我们那里学医的都是男人，只有李花脸的女儿传其父业，成了全城仅有的一位女医生。她也不会接生，只会看内科，是个老姑娘。男人学医，谁会去学产科呢？都觉得这是一桩丢人没出息的事，不屑为之。但也不是绝对没有。陈小手就是一位出名的男性的妇科医生。

陈小手的得名是因为他的手特别小，比女人的手还小，比一般女人的手还更柔软细嫩。他能专治难产，横生、倒生，都能接下来（他当然也要借助于药物和器械）。据说因为他的手小，动作细腻，可以减少产妇很多痛苦。大户人家，非到万不得已，是不会请他的。中小户人家，忌讳较少，遇到产妇胎位不正，老娘束手，老娘就会建议："去请陈小手吧。"

陈小手当然是有个大名的，但是都叫他陈小手。

接生，耽误不得，这是两条人命的事。陈小手喂着一匹马。这匹马浑身雪白，无一根杂毛，是一匹走马。据懂马的行家说，这马走的脚步是"野鸡柳子"，又快又细又匀。我们那里是水乡，很少人家养马。每逢有军队的骑兵过境，大家就争着跑到运河堤上去看"马队"，觉得非常好看。陈小手常常骑着白马赶着到各处去接生，大家就把白马和他的名字联系起来，称之为"白马陈小手"。

同行的医生，看内科的、外科的，都看不起陈小手，认为他不是医生，只是一个男性的老娘。陈小手不在乎这些，只要有人来请，立刻跨上他的白走马，飞奔而去。正在呻吟惨叫的产妇听到他的马脖子上的銮铃的声音，立刻就安定了一些。他下了马，即刻进产房。过了一会儿（有时时间颇长），听到"哇"的一声，孩子落地了。陈小手满头大汗，走了出来，对这家的男主人拱拱手："恭喜恭喜！母子平安！"男主人满面笑容，把封在红纸里的酬金递过去。陈小手接过来，看也不看，装进口袋里，洗洗手，喝一杯热茶，道一声"得罪"，出来上马。只听见他的马的銮铃声"哗棱哗棱"……走远了。

陈小手活人多矣。

有一年，来了联军。我们那里那几年打来打去的，是两支军队。一支是国民革命军，当地称之为“党军”；相对的一支是孙传芳的军队。孙传芳自称“五省联军总司令”，他的部队就被称为“联军”。联军驻扎在天王庙，有一团人。团长的太太（谁知道是正太太还是姨太太）要生了，生不下来。叫来几个老娘，还是弄不出来。这太太杀猪也似的乱叫。团长派人去叫陈小手。

陈小手进了天王庙。团长正在产房外面不停地“走柳”，见了陈小手，说：“大人，孩子，都得给我保住，保不住要你的脑袋！进去吧！”

这女人身上的油脂太多了，陈小手费了九牛二虎之力，总算把孩子掏出来了。和这个胖女人较了半天劲，累得他筋疲力尽。他迤里歪斜走出来，对团长拱拱手：“团长！恭喜您，是个男伢子，少爷！”

团长龇牙笑了一下，说：“难为你了！——请！”

外边已经摆好了一桌酒席。副官陪着。陈小手喝了两口。团长拿出20块现大洋，往陈小手面前一送：

“这是给你的！——别嫌少哇！”

“太重了！太重了！”

喝了酒，揣上20块现大洋，陈小手告辞了：“得罪！得罪！”

“不送你了！”

陈小手出了天王庙，跨上马。团长掏出手枪来，从后面，一枪就把他打下来了。

（有删节）

2. 吴召儿（节选）

⊙孙　犁

向　导

11月，老乡们披上羊皮衣，我们反“扫荡”了。我当了一个小组长，村长给我们分配了向导，指示了打游击的地势。别的组都集合起来出发了，我们的向导老不来。我在沙滩上转来转去，看看太阳就要下山，很是着急。

听说敌人已经到了平阳，到这个时候，就是大声呼喊也不容许。我跑到村长家里去，找不见，回头又跑出来，才在山坡上一家门口遇见他。村长散披着黑羊皮袄，也是跑得呼哧呼哧，看见我就笑着说：

“男的分配完了，给你找了一个女的！”

“怎么搞的呀？村长！”我急了，“女的能办事吗？”

“能办事！”村长笑着，“一样能完成任务，是一个女自卫队的队员！”

“女的就女的吧，在哪里呀？”我说。

“就来，就来！”村长又跑进那大门里去。

一个女孩子跟着他跑出来。穿着一件红棉袄，一个新鲜的白色挂包斜在她的腰里，装着三颗手榴弹。

“真是，”村长也在抱怨，“这是反‘扫荡’呀，又不是到区里验操，也要换换衣裳！红的目标大呀！”

“尽是夜间活动，红不红怕什么呀，我没有别的衣服，就是这一件。”女孩子笑着，“走吧，同志！”说着就跑下坡去。

“路线记住了没有？”村长站在山坡上问。

“记下了，记下了！”女孩子嚷着。

“别这么大声叫嘛！”村长说。

我赶紧下去带队伍。女孩子站在小河路口上还在整理她的挂包，望望我来了，她一跳两跳就过了河。

在路上，她走得很快，我跑上前去问她：

“我们先到哪里？”

“先到神仙山！”她回过头来一笑，这时我才认出她就是那个吴召儿。

神仙山

神仙山也叫大黑山，是阜平最高最险的山峰。前几天，我到山下打过白草；吴召儿领导的，却不是那条路，她领我们走的是东山坡一条小路。靠这一带山坡，沟里满是枣树，枣叶黄了，飘落着，树尖上还留着不少的枣儿，经过风霜，红得越发鲜艳。吴召儿问我：

“你带的什么干粮？”

“小米炒面！”

“我尝尝你的炒面。”

我一边走着，一边解开小米袋的头，她伸过手来接了一把，放到嘴里，另一只手从口袋里掏出一把红枣送给我。

“你吃枣儿！”她说，“你们跟着我，有个好处。”

“有什么好处？”我笑着问。

“保险不会叫你们挨饿。”

“你能够保这个险？”我也笑着问，“你口袋里能装多少红枣，二百斤吗？”

“我们走到哪里，吃到哪里。”她说。

“就怕找不到吃喝哩！”我说。

“到处是吃喝！”她说，“你看前头树上那颗枣儿多么大！”

我抬头一望，她飞起一块石头，那颗枣儿就落在前面地下了。

“到了神仙山，我有亲戚。”她捡起那颗枣儿，放到嘴里去，“我姑住在山上，她家的倭瓜又大又甜。今天晚上，我们到了，我叫她给你们熬着吃个饱吧！”

在这个时候，一顿倭瓜，也是一种鼓励。这鼓励还包括：到了那里，我们就有个住处，有个地方躺一躺，有个老乡亲切地和我们说说话。

天黑的时候，我们才到了神仙山的脚下。一望这座山，我们的腿都软了，我们不知道它有多么高；它黑得怕人，高得怕人，危险得怕人，像一间房子那样大的石头，横一个竖一个，乱七八糟地躺着。一个顶一个，一个压一个，我们担心，一步登错，一个石头滚下来，整个山就会天崩地裂、房倒屋塌。她带领我们往上爬，我们攀着石头的棱角，身上出了汗，一个跟不上一个，落了很远。她爬得很快，走一截就坐在石头上望着我们笑，像是在这乱石山中，突然开出一朵红花，浮起一片彩云来。

我努力跟上去，肚里有些饿。等我爬到山半腰，实在走不动，找见一块平放的石头，就倒了下来，喘息了好一会儿，才能睁开眼：天大黑了，天上已经出了星星。她坐在我的身边，把红枣送到我嘴里说：

“吃点东西就有劲儿了。谁知道你们这样不行！”

“我们就在这里过一夜吧！”我说，“我的同志们恐怕都不行了。”

“不能。”她说，“就快到顶上了，只有顶上才保险。你看那上面点起灯来的，就是我姑家。”

我望到顶上去。那和天平齐的地方，有一点红红的摇动的光；那光不是她指出，不能同星星分别开。望见这个光，我们都有了勇气，有了力量；它强烈地吸引着我们前进，到它那里去。

姑　家

北斗星转下山去，我们才到了她的姑家。夜深了，这样高的山上，冷风吹着汗湿透的衣服，我们都打着牙噤。钻过了扁豆架、倭瓜棚，她尖声娇气叫醒了姑。老婆子费了好大工夫才穿好衣裳开开门。一开门，就有一股暖气扑到我们身上来，没等到人家让，我们就挤到屋里去，那小小的屋里，简直站不开我们这一组人。人家刚一让我们上炕，有好几个已经爬上去躺下来了。

“这都是我们的同志。”吴召儿大声对她姑说，“快给他们点火做饭吧！”老婆子拿了一根麻秸，在灯上取着火，就往锅里添水，一边仰着头问：

“下边又‘扫荡’了吗？”

“又‘扫荡’了。”吴召儿笑着回答，她很高兴她姑能说新名词，“姑！我们给他们熬倭瓜吃吧！”她从炕头抱下一个大的来。

姑笑着说：“好孩子，今年摘下来的顶数这个大，我说过几天叫你姑父给你送去哩！”

“不用送去，我来吃它了！”吴召儿抓过刀来把瓜剖开，“留着这瓜子炒着吃。”

吃过了香的、甜的、热的倭瓜，我们都有了精神，热炕一直热到我们的心里。吴召儿和她姑睡在锅台上，姑侄俩说不完的话。

“你爹给你买的新袄？”姑问。

“他哪里有钱，是我给军队上纳鞋底挣了钱换的。”

“念书了没有？”

“念了，炕上就是我的老师。”

截 击

第二天，我们在这高山顶上休息了一天。我们从小屋里走出来，看了看吴召儿姑家的庄园。这个庄园，在高山的背后，只在太阳刚升上来，这里才能见到光亮，很快就又阴暗下来。东北角上一洼小小的泉水，冒着水花，没有声响；一条小小的溪流绕着山根流，也没有声响，水大部分渗透到沙土里去了。这里种着像炕那样大的一块玉蜀黍，像锅台那样大的一块土豆，周围是扁豆，十几棵倭瓜蔓，就奔着高山爬上去了！在这样高的黑石山上，找块能种庄稼的泥土是这样难，种地的人就小心整齐地用石块把地包镶起来，恐怕雨水把泥土冲下去。奇怪！在这样少见阳光、阴湿寒冷的地方，庄稼长得那样青翠，那样坚实。玉蜀黍很高，扁豆角又厚又大，绿得发黑，像说梅花调用的铁响板。

吴召儿出去了，不久，她抱回一捆湿木棍：

“我一个人送一把拐杖，黑夜里，它就是我们的眼睛！”

她用一把锋利明亮的小刀，给我们修着棍子。这是一种山桃木，包皮是紫红色，好像上了油漆；这木头硬得像铁一样，打在石头上，发出铜的声音。

这半天，我们过得很有趣，差不多忘记了反“扫荡”。

当我们正要做下午饭，一个披着破旧黑山羊长毛皮袄，手里提着一根粗铁棍的老汉进来了；吴召儿赶着他叫声姑父，老汉说：

“昨天，我就看见你们上山来了。”

“你在哪儿看见我们上来呀？”吴召儿笑着问。

“在羊圈里，我喊你来着，你没听见！”老汉望着内侄女笑，“我来给你们报信儿，山下有了鬼子，听说要搜山哩！”

吴召儿说：“这么高山，鬼子敢上来吗？我们还有手榴弹呢！”

老汉说：“这几年，这个地方目标大了，鬼子真要上来了，我们就不好走动。”

这样，每天黎明，吴召儿就把我唤醒，一同到那大黑山的顶上去放哨。山顶不好爬，又危险，她先爬到上面，再把我拉上去。

山顶上有一丈见方的一块平石，长年承受天上的雨水，被冲洗得光亮又滑润。我们坐在那平石上，月亮和星星都落到下面去，我们觉得飘忽不定，像活在天空里。从山顶可以看见山西的大川，河北的平原，十几里、几十里的大小村镇全可以看清楚。这一夜下起大雨来，雨下得那样暴，在这样高的山上，我们觉得不是在下雨，倒像是沉落在波浪滔天的海洋里，风狂吹着，那块大平石也像要被风吹走。

吴召儿紧拉着我爬到大石的下面，不知道是人还是野兽在那里铺好了一层软软的白草。我们紧挤着躺在下面，听到四下里山洪暴发的声音，雨水像瀑布一样，从平石上流下，我们像钻进了水帘洞。吴召儿说：

“这是暴雨，一会儿就晴的，你害怕吗？”

“要是我一个人我就怕了，”我说，“你害怕吧？”

“我一点儿也不害怕，我常在山上遇见这样的暴雨，今天更不会害怕。”吴召儿说。

“为什么？”

“领来你们这一群人，身上负着很大的责任呀，我也顾不得怕了。”

她的话，像她那天在识字班里念书一样认真，她的话同雷雨闪电一同响着，响在天空，落在地下，永远记在我的心里。

一清早我们就看见从邓家店起，一路的村庄，都在着火冒烟。我们看见敌人像一条虫，在山脊梁上往这里爬行。一路不断响枪，那是各村伏在山沟里的游击组。吴召儿说：

“今年，敌人不敢走山沟了，怕游击队。可是走山梁，你就算保险了？”

敌人的目标，显然是在这个山上。他们从吴召儿姑父的羊圈那里翻下，转到大黑山来。我们看见老汉仓皇地用大鞭把一群山羊打得四散奔跑，一个人登着乱石往山坡上逃。吴召儿把身上的手榴弹全拉开弦，跳起来说：

“你去集合人，叫姑父带你们转移，我去截鬼子们一下。”她在那乱石堆中，跳上跳下奔着敌人的进路跑去。

我喊：“红棉袄不行啊！”

“我要伪装起来！”吴召儿笑着，一转眼的工夫，她已经把棉袄翻过来。棉袄是白里子，这样一来，她就活像一只逃散的黑头的小白山羊了。一只聪明的、热情的、勇敢的小白山羊啊！

她登在乱石尖上跳跃着前进。那翻在里面的红棉袄，还不断被风吹卷，像从她的身上撒出的一朵朵的火花，落在她的身后。

当我们集合起来，从后山上跑下，来不及脱鞋袜，就跳入山下那条激荡的大河的时候，听到了吴召儿在山前连续投击的手榴弹爆炸的声音。

联　想

不知她现在怎样了。我能断定，她的生活和历史会在我们这一代生活里放光的。关于晋察冀，我们在那里生活了快要十年。那些在我们吃不下饭的时候，送来一碗烂酸菜；在我们病重行走不动的时候，替我们背上了行囊；在战斗的深冬的夜晚，给我们打开门，把热炕让给我们的大伯大娘们，我们都是忘记不了的。

1949年11月

乡土风情

一方水土养一方人。小说中所谓的“水土”，就是指具体的环境，它既包括自然环境，也包括社会环境。自然环境是指人物活动的时间地点、季节气候、山川河流、花草树木以及城市村落等自然景观；社会环境是指人物活动、事件发生、情节展开的社会背景、历史条件、地方的风土人情、时代风貌等。

小说中的环境描写，有时是为了用看似无心之笔，推动故事情节发展；有时是为了烘云托月，塑造人物形象；有时是为了影射或暗示文章主旨。

阅读本单元的文章，请你注意结合人物活动的具体背景，来体会环境描写的作用。

1. 边城（节选）

⊙沈从文

两省接壤处，十余年来主持地方军事的，知道注重在安辑保守，处置还得法，并无特别变故发生。水陆商务既不至于受战争停顿，也不至于为土匪影响，一切莫不极有秩序，人民也莫不安分乐生。这些人，除了家中死了牛，翻了船，或发生别的死亡大变，为一种不幸所绊倒，觉得十分伤心外，中国其他地方正在如何不幸挣扎中的情形，似乎就还不曾为这边城人民所感到。

边城所在一年中最热闹的日子，是端午、中秋和过年。三个节日过去三五十年前，如何兴奋了这地方人，直到现在，还毫无什么变化，仍能成为那地方居民最有意义的几个日子。

端午日，当地妇女、小孩子，莫不穿了新衣，额角上用雄黄蘸酒画了个王字。任何人家到了这天必可以吃鱼吃肉。大约上午十一点钟左右，全茶峒人就吃了午饭。把饭吃过后，在城里住家的，莫不倒锁了门，全家出城到河边看划船。河街有熟人的，可到河街吊脚楼门口边看，不然就站在税关门口与各个码头上看。

河中龙船以长潭某处作起点，税关前作终点，做比赛竞争。因为这一天军官、税官以及当地有身份的人，莫不在税关前看热闹。划船的事各人在数天以前就早有了准备，分组分帮，各自选出了若干身体结实、手脚伶俐的小伙子，在潭中练习进退。船只的形式，与平常木船大不相同，形体一律又长又狭，两头高高翘起，船身绘着朱红颜色长线，平常时节多搁在河边干燥洞穴里，要用它时，才拖下水去。每只船可坐十二个到十八个桨手，一个带头的，一个鼓手，一个锣手。桨手每人持一支短桨，随了鼓声缓促为节拍，把船向前划去。带头的坐在船头上，头上缠裹着红布包头，手上拿两支小令旗，左右挥动，指挥船只的进退。擂鼓打锣的，多坐在船只的中部，船一划动便即刻蓬蓬铛铛把锣鼓很单纯地敲打起来，为划桨水手调理下桨节拍。一船快慢既不得不靠鼓声，故每当两船竞赛到剧烈时，鼓声如雷鸣，加上两岸人呐喊助威，便使人想起小说故事上梁红玉老鹳河时水战擂鼓种种情形。凡把船划到前面一点的，必可在税关前领赏，一匹红、一块小银牌，不拘缠挂到船上某一个人头上去，都显出这一船合作努力的光荣。好事的军人，当每次某一只船胜利时，必在水边放些表示胜利庆祝的五百响鞭炮。

赛船过后，城中的戍军长官，为了与民同乐，增加这个节日的愉快起见，便派兵士把三十只绿头长颈大雄鸭，颈脖上缚了红布条子，放入河中，尽善于泅水的军民人等，自由下水追赶鸭子。不拘谁把鸭子捉到，谁就成为这鸭子的主人。于是长潭换了新的花样，水面各处是鸭子，同时各处有追赶鸭子的人。

船与船的竞赛，人与鸭子的竞赛，直到天晚方能完事。

掌水码头的龙头大哥顺顺，年轻时便是一个泅水的高手，入水中去追逐鸭子，在任何情形下总不落空。但一到次子傩送年过十岁时，已能入水闭气氽[①]着到鸭子身边，再忽然冒水而出，把鸭子捉到，这做爸爸的便解嘲似的向孩子们说："好，这种事有你们来做，我不必再下水和你们争显本领了。"于是当真就不下水与人来竞争捉鸭子。但下水救人呢，当作别论。凡帮助人远离患难，便是入火，人到八十岁，也还是成为这个人一种不可逃避的责任！

天保、傩送两人皆是当地泅水划船好选手。

端午又快来了，初五划船，河街上初一开会，就决定了属于河街的那只船当天入水。天保恰好在那天应当向上行，随了陆路商人过川东龙潭送节货，故参加的就只傩送。十六个结实如牛犊的小伙子，带了香烛鞭炮，同一个用生牛皮蒙好、绘有朱红太极图的高脚鼓，到了搁船的河上游山洞边，烧了香烛，把船拖入水中后，各人上了船，燃着鞭炮，擂着鼓，这船便如一支没羽箭似的，很迅速地向下游长潭射去。

那时节还是上午，到了午后，对河渔人的龙船也下了水，两只龙船就开始预习种种竞赛的方法。水面上第一次听到了鼓声，许多人从这鼓声中，都感到了节日临近的欢悦。住临河吊脚楼对

① 氽（tǔn）：漂浮。这里是潜泳的意思。

远方人有所等待、有所盼望的，也莫不因鼓声想到远人。在这个节日里，必然有许多船只可以赶回，也有许多船只只合在半路过节，这之间，便有些眼目所难见的人事哀乐，在这小山城河街间，让一些人开心，也让一些人皱眉！

蓬蓬鼓声掠水越山到了渡船头那里时，最先注意到的是那只黄狗。那黄狗汪汪地吠着，受了惊似的绕屋乱走；有人过渡时，便随船渡过河东岸去，且跑到那小山头向城里一方面大吠。

翠翠正坐在门外大石上用棕叶编蚱蜢、蜈蚣玩，见黄狗先在太阳下睡着，忽然醒来便发疯似的乱跑，过了河又回来，就问它骂它：

“狗，狗，你做什么！不许这样子！”

可是一会儿那远处声音被她发现了，她于是也绕屋跑着，并且同黄狗一块儿渡过了小溪，站在小山头听了许久，让那点迷人的鼓声，把自己带到一个过去的节日里去。

2. 回不去的乡村

⊙冷　江

头天晚上收拾了所有行李包裹，装满了车的后备厢。第二天在最早一缕晨曦到来前，母亲就早早起床，准备上路。

临发车前，母亲一言不发，手摸着老屋斑驳的墙面，眼神里充满了无限哀愁。虽然我一再劝阻，她还是执意带上了那把她用惯了几十年的锄头。这把锄头，开垦了老屋周边十几亩菜地和庄稼地，养育了我们兄妹几个度过最艰难的成长岁月。

车子开出村口，母亲仍在回望老屋的方向，那里一排排青灰色的屋顶上正升起袅袅的炊烟，融入苍翠的群山中，融入碧蓝的天宇里。

到了城里，住进楼房。母亲很长一段时间都不适应。好在我们是一层，带一个十多平方米的小院子，入住前我托人从农科院买了观赏草种上，如今已绿草如茵。母亲望着这小小的院子，终于露出了一点笑容。

这天下班回家，大吃一惊！小院子的绿草全不见了，呈现在眼前的是一块块新翻的泥土，这些黝黑的泥土被从地底下翻出来，裸露在夕阳的余光中，散发出淡淡的泥土芳香。

母亲兴奋地对我们说："你们上你们的班，不用管我，有了这块地，很快我就能让它变成咱家的菜园！以后咱吃自己种的菜，省钱还没污染！"

妻子皱着眉，一个劲给我递眼色。我知道她是心疼买草皮的钱白扔了！

我无奈地摇了摇头，想了半天只说了一句话："姆妈，接您来是让您享福的，别累着了！"

母亲高兴地说："有活干，有地种，我就踏实！"

接下来几天母亲像打了鸡血，忙前跑后，成天泡在那十几平方米的小院子里。她是真把那巴掌大块地当成了故乡的庄稼地来侍弄。

不料，后来事情的发展完全超出了我的想象。为了让蔬菜茁壮成长，母亲将马桶里的粪便积起来沤肥，弄得满屋子像砸开的臭弹一样处处弥漫着极度难闻的味道。女儿不干了，当着我们的面大声斥责她奶奶，妻子也在一旁帮腔。母亲陷入了空前的孤立。我将妻子和女儿拉到房间，关上门压着嗓子责备："你们想干啥？老人在农村劳作了一辈子，咱能不能多些理解？"

妻子冷笑："得，你理解，你们过吧！"当天，妻子就带着女儿去我岳父母家住了。

母亲像做了错事的孩子，红着眼眶小心翼翼问我："儿啊，姆妈是不是惹你媳妇生气了？”

我忙赔着笑脸说：“哪里哪里，您想多了，小淳马上要考试了，她妈陪她住到姥爷家里，离学校近，也方便辅导！”母亲没再说什么，但我能感受到她的心事重重。

母亲对种地有着一种执着和敬畏。刨地、播种、育苗、施肥、浇水、锄草，桩桩件件，有板有眼决不含糊。我尽量把语气说得更婉转一些：“姆妈，城里条件比不上农村，这巴掌大地，种种玩玩得了，您也别太较真了！比如施肥，回头我给您弄点化肥来，省得每天积肥沤肥。”

母亲抬起头来很严厉地看着我：“你这进城也不过十多年，怎么这么快就忘了咱农村规矩？庄稼一枝花，全靠粪当家！再好的化肥都没有粪好！”

我欲言又止，吞吞吐吐半天，还是把想说的话给生生咽了回去。

几天后，我们楼里好几户邻居带着物业和居委会的人浩浩荡荡来敲我们家门。我开门一看，心里暗暗叫苦。果然，是为母亲种菜来的。邻居们都很激动，控诉我们家破坏植被、私自开荒种菜；泼洒粪便、严重污染环境。是可忍孰不可忍，一致要求我们立即停止耕种，恢复生态。居委会大妈则直接给我们家扣上了破坏绿色生态文明的帽子，要求我们向全楼乃至全小区道歉。

母亲像一只受伤的母牛，显然被众人的围攻激怒了！她大声问：“你们每天吃粮食不？吃菜不？我们在自己家院子里种菜，你们凭什么这么欺负人？”

我是左一个道歉，右一个赔礼，最后立下军令状，三天内清除掉一切粪肥，这茬菜收割后不再耕种，众人才陆续散去。

母亲委屈得像个孩子，轻轻啜泣。我不知道怎样才能安慰母亲，但我真的很担心她。

从这天开始，母亲脸上再也看不到笑容了。很多次下班回来，我都看见她站在院子里，呆呆地望着南边的天空，一站就是好半天。我想让母亲每天出去走走，到附近的公园里转转，找人聊聊天。母亲微微摇了摇头。

很快到了这茬蔬菜最后收割的时候了，母亲脸上出现了久违的笑容。她躬下身子，抓住大白菜的下半部，轻轻一旋，连根拔起，动作干净利落，透着一股自信与从容。一棵棵大白菜，码在一起整整齐齐。母亲像检阅自己的队伍一样审视着这些大白菜。看着看着，两行清亮的泪水悄悄从她褶皱的眼眶中滑落。

母亲当天晚上很郑重地对我说：“明天去把你媳妇和孩子接回来，一家人团团圆圆的才像个家！”我使劲点了点头。

次日起床，餐桌上母亲已经做好了早点，一种不祥的预感突然袭来，我大声喊姆妈，起身找遍整个屋子，却没发现母亲。我颓然地靠着院子的栅栏，那上面还残留着几根南瓜的藤蔓，微凉的晨曦像雾一样向我漫过来。

3. 田　野

⊙胡慧玲

正月尾上，旱田里的油菜正蓬蓬勃勃地向上生长。水田则寂寞着，等着开春时犁过来种早稻。田埂边上的小草开始返青。我们小孩子坐在位于田野中间的学堂里读书，读着：春天来了，燕子飞回来了……

学堂是一栋两层楼的木房子，四面走廊。它没有围墙，它的前面是一块四四方方的草坪。学堂右边是学校的菜地，菜地中间有一棵粗大的桂花树，开花时节，香气迷人。菜地过去是大片的田野，田野边缘是我们古朴的村庄。左边是我们胡家的祠堂，祠堂旁边又是田野。学堂后面则是一层一层往后面高去的稻田、公路、山城。我们下了课就在教室里追打吵闹，整个房子只听到咚咚咚的脚步声；有的跑到操场上跳橡皮筋、跳房子、丢沙包；有的跑到田野里，捞亮晶晶的青蛙种子。等上课铃一响，所有的人像燕子一样飞进了教室，瞬间四周空荡荡的，教室里传来了各种各样的歌声。

透过木格子窗户，我们可以看见水田里有人在告牛。告牛就是教小牛如何耕田，就像老师教我们如何写字一样。

我家和喜红家合养了一头大水牛，这头牛有了一头小牛崽。去年春天，和妈妈一起穿过油菜花开的田野时，它看见翩飞的白蝶，会仰起头去看、用鼻子去嗅、撒开蹄子去追。追不到了，又调头蹦到妈妈的身边，用头蹭蹭妈妈，撒着娇喊“嗯妈，嗯妈”，声音嫩得像早春的草一样。但是，今年春天，油菜还没有开花，白蝶还在梦乡，它就被我爸爸和喜红爸爸牵着，站在空闲了一冬的水田边。喜红爸爸给它牵鼻串，它挣扎，后退，头使劲往上仰，或者使劲往下压，身子则狠命往后退。喜红爸爸费了好一把力气才制服了它。爸爸把犁丫套在它脖子上，犁丫两旁是两道长长的牛缆。那牛缆是用山坡上的黑壳藤扭的，结实柔软。牛缆后面拖着一段一米多长的木头，木头尾巴上，拴着一根索子。小牛被上了枷锁了。喜红爸爸牵着它下田，它面对水田惶恐不已，直往后退。直到竹梢子打得紧了，它才不得已往前走了几步。爸爸捏着那索子跟在后面。它仰起头“嗯妈，嗯妈”地叫。在春天的田野里，这声音多么凄惨。可是，妈妈还被关在圈里呢，它没办法照顾你啊。

初生牛犊不怕虎。小牛有的是劲头和勇气跟人斗。要它低头，它抵死不低；要它往左，它偏往右，甚至上了田埂。趁主人歇气的时候，它把头高高仰起，甩掉犁丫，从一丘田跑到另一丘田，漫无目的，惊慌失措，仰着头四处呼唤“嗯妈，嗯妈”。

可是，它终究斗不过主人，在这个春天变得温顺，低着头犁田耙田，完成了它的“成人礼”。那个天真烂漫的小牛不见了，一头脚步沉稳、低头走路的牛长成了。

油菜继续往上长，碧绿碧绿的。开出零星的花，白蝶不知道从什么地方飞来了。当它在牛们经过的路上飞舞时，我们家的小牛没有去追它。

春天慢慢往前走，油菜花在某一个晚上或者早上，也许是中午，“哗啦”“哗啦”，开了一片又一片。我们的村庄，那些青砖灰瓦的窨子屋好像变亮了一样。谁家斑驳的围墙上，也露出了几枝粉红的桃花来，或者缀着三两朵雪白的梨花。

爸爸把浸胀的谷种从水中捞起来，放进垫了厚厚稻草的箩筐里，这是谷种们温暖的床，它们将在这里发芽。那时候，什么都是慢慢的。鸡鸭要养到三个月才可以吃。春天种辣椒，夏天有黄瓜，秋天捡板栗，冬天吃白菜。一切顺着自然来顺着自然走。

芽长谷半，就是谷种出窝的时候。它们都伸出了一条白色的尾巴，像小蝌蚪，又像睡觉的婴孩把胖胖的脚蹬到被子外面了。

爸爸已经在田里犁出一块地，划成两块长方形，平平整整，像翻开的作业本。在学校，爸爸布置我们写作业；现在，他变成春天的学生，也要写作业呀。他端着谷种，站在冷冷的水田里撒谷种。就像婴儿睡在摇篮里，谷种睡在肥沃的土壤中。爸爸给它们盖上透明的薄膜，让它们在温暖的房子里睡着，等它们长大。

秧田里长出毛茸茸的、嫩黄的、纤细的秧苗时，爸爸揭开那盖在上面的薄膜，让它们感受这春天的阳光、小牛的气息、人们的希望和小学校里传来的琅琅书声。它们一寸一寸往上长，日子也一寸一寸有了意思。

田野里，巷子里，总会遇到挽着裤脚、穿着草鞋、腿上粘着泥巴的爷爷、伯伯。春天要开始忙碌了。我们家的小牛也开始忙碌了。它清早起来，还没有吃上一口草就被赶到田里去了。鼻子上穿上鼻串，脖子上套上犁丫，身后拖着弯弯的犁，不用打，它也很听话地埋头工作，再不喊妈妈了。我们站在学校的走廊上，看见黑色的燕子在蓝天下穿梭，听到田野传来犁田的吆喝声。黑油油的泥土，油亮亮地翻了个身，像翻卷的波浪，泥土的气息弥漫四处。沉睡一冬的土地醒了过来，水上爬的土狗醒了过来，蚂蟥醒了过来，泥鳅也醒了过来。

这个时候，窨子屋里的小孩子就准备去扎泥鳅了。大家翻出鱼梳和火照：鱼梳是一种像梳子一样的东西，一米多长，梳齿尖尖的，铁的；火照是一根长木棍头上绑着一个铁篓篓，篓篓用来放点燃的擎干（擎干，就是松树干，我们用它照明）。

天黑了，我们背上竹篓，提着火照，穿过小巷，往春天的田野奔去。熊熊的火光，照亮了水田的一角，泥鳅们一动不动地沉在水底。扎泥鳅是不准说话的，一说话，泥鳅就跑了；走路也要轻，脚步太重，泥鳅就跑了；也不能下水田里扎，水一动一响，泥鳅就跑了。所以，只能扎靠近田埂边的泥鳅。

有的地方聚了十几条泥鳅，大家会欢喜得一只手紧捂着嘴巴，一只手指着泥鳅。拿鱼梳的，轻轻抬起鱼梳，然后猛地往水里一扎。当鱼梳出水后，上面就扎着摇头摆尾的泥鳅了。水都甩到了我们的脸上、身上。“扎到噶”“扎到噶”，大家欢呼。这个时候，谁也不管准不准说话了。而另外的泥鳅已趁乱钻到了泥里，不见了踪影。于是，我们又继续寻找别处的泥鳅……

临近“五一”，学校便放农忙假。大大小小的孩子都去田里。小小孩没人看管，就让他坐在田埂上的竹箕里玩，中小孩负责打打水或者看看牛，大小孩可就要下田栽秧了。奶奶们则负责在家做饭、洗衣。大家各司其职，比如燕子负责捉虫，蛤蟆负责热闹田野。

栽田的日子，多雨，冷。但大家还是会戴着斗篷、披着蓑衣，在田里忙碌。风雨从来就不能阻挡我们。一块块水田里，那一行行禾苗，是大人们写下的作文、种上的唐诗。当然，我们是那作文里最美的一行、那诗里最动人的一句。

油菜花在人们的忙碌中被忽视，寂寞地凋谢。花落处长出了绿针一样的须，那是油菜在结籽。等油菜成熟了，人们又忙着割油菜、踩油菜。放学的孩子会去帮忙。晒燥的油菜堆放在斛桶里，人站在上面，一阵踩，菜籽就噼里啪啦地炸开，落到斛桶底了。这个时候该种中稻了。

整块田野一色的碧绿，连小路、水圳都看不见，只有白鹭在田间盘旋，又落下。它是从王维的诗里飞出来的吧。

夜晚，田野里，蛙声一片，小虫子们也扯着嗓子叽叽地叫。

萤火虫提着灯笼游到了我们的窨子屋，在天井边的花丛中流连。于是，我们跑到田野里，抓萤火虫去。

月亮亮堂堂的，银白色的田野，一片迷蒙。萤火虫真多，一簇一簇，像天上的繁星一样。不知道谁开始唱起那首童谣："月光光，亮堂堂，照着婆婆洗衣裳。衣裳洗得白蒙蒙，打理妹妹进学堂。学堂门口一眼塘，一个鲤鱼三尺长。大哥你莫吃，二哥你莫尝，拿给三哥求老娘。"大家应和道："求得几个？""求得两个。一个会煮茶，一个会绩麻。煮的茶来客又去，客去门前摘桃花。桃花李花任你摘，你莫摘哥哥的拜堂花。"蓝色的星空下，我们嘻嘻哈哈地笑翻了。

我们就像撒在春天里的种子，给一捧土壤、一缕阳光、一点水分，就活泼泼地成长开来。至于会长成什么样，开出凤仙花还是狗尾巴花，我们还没有想过。我们每天奔过田野，跑进学堂，在稻花香里读那时还不太懂的话：少壮不努力，老大徒伤悲。

审题立意

审题立意就是仔细地审察和分析作文题目，了解命题者的意图，明确写作的对象和范围，确立文章主题和体裁，从而做到按题目划定的范围、提出的要求去写。认真审题，恰当立意，才能确保文章符合要求，不跑题，不偏题，也才能有效组织材料，合理安排文章结构。

阅读本单元的文章，要思考文中题目与题材的关系，关注作者是如何把握题目中的限制条件，明确选材的范围，进而确立中心思想的。可以细细揣摩文章的中心是通过哪些题材提炼出来的，学习怎样在诸多的题材中升华出主旨，写出立意深刻、耐人寻味的文章。

1. 剪不断的思念

⊙孙友田

> 全文立意由此而展开。

母亲去世了。终日陪伴她的那把剪刀，静静地躺在针线筐里，成了母亲的遗物，成了母亲一生勤劳的象征，给子女留下了绵绵不尽的思念。

母亲是位普通的妇女。她用那把普通的剪刀，剪裁一家人的衣帽鞋袜。在我童年的记忆里，每逢夜深人静之时，总有一阵阵剪刀的“嚓嚓”声催我入梦。她为全家剪碎了多少长夜和寒暑，直到剪断了她与尘世之缘。

剪断了尘世之缘，却剪不断亲人的思念。

> 第4、5段中的剪纸花、用花样子换糖人、为“我们”哥儿俩剪头发等内容是体现文章立意的具体事例。

母亲有一双巧手，不仅针线活闻名乡里，剪纸花的手艺也很精湛。不管是姑娘的鞋花还是娃娃的帽花，她一看就会剪。剪刀在她手里像条水中的鱼，穿梭在流逝的时光中。左邻右舍的大闺女、小媳妇喊着“亲嫂子”“好婶子”，央求她剪花样子。记得小时候，常看她端着针线笸儿坐在门口剪纸花。针线笸里放着一本少角没边的线装书，书里夹着她剪的花鸟虫鱼，一朵朵、一只只，无不鲜活可爱。一天，街上来个吹糖人的，挑着一小锅冒着热气的糖稀，引得孩子们围上去买糖人。我不知母亲无钱，竟哭闹着也要买。母亲无奈，只好喊道：“吹糖人的，给俺孩子吹一个，俺用花样子跟你换。这不，都夹在这书本里，随你挑。”那吹糖人的果真过来挑了一副“喜鹊闹梅”，给我吹了一个“老鼠上灯台”。

弟弟出生后，母亲的那把剪刀增加了一种功能：为我们哥儿俩剪头发。记得有一次，我已上小学一年级，弟弟还没有上学。当时在外面剃头挑子上剪一次头发要花两毛钱，按当时的物价，能买四只肉包子。看到我们俩头发长了，母亲就和我们商量：“这四毛钱都给你们，每人两毛。叫我剪呢，省下钱来能买四只肉包子吃。不叫我剪呢，到外面剪去，就没有肉包子吃。”我还没有拿定主意，弟弟却马上决定吃肉包子。只见他手里攥着两毛钱，脖子里围上一条白毛巾，老实地坐在母亲怀里，等待开剪。母亲拿起剪刀，在弟弟头上小心翼翼地剪起来，尽管她剪纸技术精湛，但毕竟不是理发师，何况剪纸和剪发是两码事，实在难为母亲了。她精益求精不断进行修改，完工之后，弟弟的头还是变成了一只“花菜瓜”。我在一旁忍不住笑，弟弟却满不在乎，他连镜子都不照一下，扯下毛巾，一溜小跑去买肉包子去了。

我没有享受那一次特殊的母爱，至今后悔不已。

情感真挚深沉，再次呼应对母亲“剪不断的思念”。

剪不断，理还乱，是离愁……离别尚有团圆日，永诀再无相逢时。母亲去世，母爱已成史诗。再也看不见她的音容笑貌，再也听不到那“嚓嚓”的剪刀声……

在母亲节的那天夜里，我梦见那把剪刀已成为母亲的墓碑。

2. 翻过那座山

⊙陈淑娴

那次登山的情景，至今仍历历在目。

那是一个夏日的周末，爸爸难得没有加班，他看看外面说："今儿个天气不错，我们去爬山吧！"我和妈妈立马热烈响应。带上两瓶矿泉水，一会儿我们就开车到了蒙山脚下。

站在山脚抬头仰望，浓郁的绿荫从山脚、山坡一路铺展到山顶。身边，阳光穿透密密的枝叶，在地上落下斑驳的树影。一阵风吹过，凉凉的，让人神清气爽。抬眼望去，那醉人的阳光仿佛一双魔术手，将初晨的雾霭一点点地收拢。

我们哼着小曲，满怀喜悦地向山顶进发。一路浓密的绿荫，给人清凉的舒适感，好不惬意。登山过程中，爸爸妈妈一步一个脚印，步履踏实坚定，而我却不安分，迈开步子向山顶跑去，直到跑累了才弯下腰休息，顺便等着爸爸妈妈。扶着山道边的栏杆休息一会儿，接着往前冲。跑了一会儿，我再回头的时候，发现爸爸妈妈已经不在我的视线内了，心中有些恐慌，急忙向身边的叔叔借了手机向爸爸妈妈报了平安并约好在山顶相见。望着前面蜿蜒的山路，我心中陡然起了征服的欲望，一旦有了目标，脚下便有了动力。我决心以最快的速度爬到山顶，让爸爸妈妈见证：我已经长大了。

但是，通向山顶的路并不是我想象的那么简单。我费了好大的劲才到了半山腰，腿渐渐地酸了，像灌了铅一般，每抬一下都要用尽全身的力气。正在喘息时，忽然听见了水流声，好像是瀑布！循声望去，果然“岂是银河落，飞来万丈余”啊！我思忖着：反正走累了，不如休息一会儿，正好等等爸爸妈妈，而且还能看看这瀑布。我正想坐在休息椅上舒服一下，可刚一落座，便来了个后滚翻，两个膝盖都磕破了，那竟然是把坏椅子！我心里暗暗埋怨管理人员：椅子坏了竟然也不修理！哎，只能小心翼翼地坐在一块大石头上，用纸巾擦拭膝盖上的伤口。此时，我无助地望向天空，有些后悔跑得那么快，光顾着逞强了。

膝盖上的擦伤渐渐变干，但伤口仍隐隐作痛。一路跑跑停停，喉咙早已感到不适，我有些气馁了，不打算到山顶去等爸爸妈妈了，干脆在这里等着向他们哭诉一下自己的悲惨经历吧。刚站了一会儿，从擦身走过的游客中，忽然听见一个老爷爷语重心长地对吵着要回家的孙女说：“爬山的意义就在于坚持嘛，没有过程的艰辛与汗水，哪能看到山顶的美景呢？‘会当凌绝顶，一览众山小。’学习也是一样，重在坚持，爷爷和你一起加油！”听到这话，我不禁满脸羞臊，更加下定决心，一定要独自登上山顶。不知不觉中，我竟然和那对爷孙一起爬上了山顶，虽然膝盖还有阵阵疼痛感，但是站在山顶的感觉早已将其盖过！

登顶俯瞰，半山腰的薄雾早已被阳光冲散，密密匝匝的树木覆盖了整座小山，山脚的农庄在阳光下静默，偶尔从远处传来一两声鸡啼。那种旷远和静寂，那种充实与辽阔，竟是我从未有过的体验。那一刻，我明白了“即使跌倒一百次，也要一百零一次地站起来”这句话的道理，领略到了“宝剑锋从磨砺出，梅花香自苦寒来”的真谛！

当爸爸妈妈气喘吁吁地比我晚半个小时来到山顶时，当我以自豪与微笑迎接他们时，当坚持战胜退缩时，当勇敢战胜怯懦时，当阳光冲淡雾霭时，我翻过了那座山。

（学生习作）

3. 翻过那座山

⊙孙嘉启

窗外寒风凛冽，吹来了白雪，送来了寒冬，今年的冬天比往年倍觉寒冷。因为不知什么时候，我与妈妈之间横亘起了一座难以逾越的高山。

也许是年龄的增长，也许是所谓的叛逆期的到来，我和妈妈之间的沟通越来越少，关系越来越僵。吃饭时，我常常一言不发；不愿听她的唠叨时，我会直接冲到屋里。我和妈妈之间的隔膜越来越厚，最终成为一座高山。

一个冬日的夜晚，我正坐在桌前写着作业。夜已经很深了，窗外楼房上的灯早已熄灭，寒风在窗外肆虐着、叫嚣着。我满脸疲惫，托着沉重的脑袋望着窗外。许久，我活动了一下酸痛的肩膀，听到身上的骨骼噼啪作响，揉了揉干涩的眼睛，发现自己的嘴唇早已因缺水而干裂，疲倦袭来，好想躺在床上大睡一觉。

“嘎吱——”门被缓缓地打开了，一个身影闪了进来，我没有抬头去看，用余光瞥了一下，果然是妈妈。她安静地坐在我的旁边，过了一会儿，她又悄悄地出去了。接着，厨房传来阵阵响声。片刻后，她端着一杯热气腾腾的牛奶进来，柔声地说："歇一会儿吧。"我犹豫了一下，站起身来接过牛奶，牛奶的温度温暖着我的手掌，我的心头忽然涌上一股暖意。我好想谢谢她，但她却已经出去了，没说出口的"谢谢"堵在嗓子眼，不禁让我有些难过。

那天，为了查找学习资料，我拿过她的手机，打开百度，却猛地发现上面有一长串的浏览记录，"如何改善母子关系""母子关系僵化怎么办"……轻轻滑过后，我呆呆地看着屏幕，往日的种种涌上心头：上学时，为了不打扰我学习，她会准备好饭菜，骑着电动车送到学校，等我吃完后她再回家吃饭；她会为我准备好洗脸洗脚的热水，甚至连牙膏都会为我挤好；晚上她会在客厅等我看完书睡下后才回屋休息……原来她一直在默默地关心我，而我此时才明白。

想着想着，我的眼睛湿润了，再也抑制不住心中的感动，冲出门去紧紧地抱住她，喊了一声"妈"。妈妈却被我这突如其来的拥抱搞得措手不及，身体竟然有些发抖。顷刻间，那座我曾以为难以逾越的高山已经坍塌。

窗外的寒风依旧肆虐，但已不觉寒冷。这一刻，我确信妈妈永远会在我身后，呵护着我，关心着我。

天下哪有不爱孩子的母亲？古有"慈母手中线，游子身上衣""昔孟母，择邻处。子不学，断机杼"。今天，我感受到了妈妈对我的爱，不仅仅是寒冷夜晚的一杯热牛奶，也不仅仅是深夜学习的漫长陪伴，而是无限的包容、无尽的热忱。

天大地大，父母恩大。母亲扮演着世界上最伟大的角色，虽说为母则刚，但母亲也需要理解与关怀，她们内心的那片柔软也需要呵护。让我们翻过那座山，向父母打开心扉，和她们深情相拥。

（学生习作）

梅妻鹤子

出自《梦溪笔谈》。相传，宋代诗人林逋以学识渊博闻名于世，但他不慕名利，不愿为官，在西湖旁的小孤山盖了几间茅屋，隐居起来。

他一生有三个爱好：诗、梅花和鹤。他觉得梅花高雅，傲霜斗雪，和自己的性格很像，因此他爱梅如爱自己的妻子一样；而他爱鹤就像爱自己的儿子一样。

【典意】意指以梅为妻，以鹤为子。比喻清高或隐居。

整本书阅读

格列佛游记

⊙〔英国〕乔纳森·斯威夫特

阅读导航

英国作家乔治·奥威尔一生中读了这本书不下六次，他说："如果要我开一份书目，列出哪怕其他书都被毁坏时也要保留的六本书，我一定会把它列入其中。"它不仅是英国文学中一部伟大的讽刺小说，也为世界文学史揭开了光辉的一页。自出版以来，它被翻译成数十种文字，成为世界各国文学爱好者的常备书。伏尔泰、拜伦、高尔基、鲁迅都非常推崇这部讽刺作品并给予了很高的评价——这本书就是世界文学名著《格列佛游记》。

乔纳森·斯威夫特的《格列佛游记》对英国乃至世界儿童文学都产生过重要影响，尤其是其运用的幻想手法、离奇描写在英国儿童文学中有开拓意义。它以辛辣的讽刺与幽默、离奇的想象与夸张，描述了酷爱航海冒险的格列佛，四度周游世界，经历了大大小小惊险而有趣的奇遇。

格列佛是英国的一个随船医生，更是一名勇敢的探险家。他去过许多地方：团结友善的小人国、热爱和平的大人国、信仰占星学又有点忧天的飞岛国……每去一个地方，他都会遇到很多危险，但他总能化险为夷。接下来，就让我们翻开这本书，将心儿放飞到遥远的印度洋，跟勇敢的格列佛乘风破浪，经历一次又一次不平凡的旅行吧！

精彩选篇

第四章　恢复自由身

由于战马和皇家御马天天在我跟前操练，一段日子过后，它们渐渐地不怯生了，即使走到我的脚边，也不会惊跳起来。我时常把手掌放在地上，这些马就会从我的手掌上跳过。

一天，国王狩猎队的一名猎手骑了匹骏马，一下子跳过我的鞋面，身手非凡，赢得全场如雷的喝彩。

“棒极了！”国王看了非常振奋。

我灵机一动，向国王呈请表演一种前所未有的游戏。

我需要几根两英尺长的棍子，像普通手杖一样粗细就行。国王似乎很有兴致，马上命令负责管理木材的官员前去照办。

第二天一大早，就有六位伐木工人驾着六辆马车回来了，每辆车都由八匹马拉着。

我从车上取下九根木棍并把它们牢牢地插在地上，围成一个两英尺半见方的四边形。接着，我又取了几根木棍将四边形的四角连起来，离地高约两英尺。然后，我把手帕平铺在九根直立的木棍上并绑紧，四面绷紧就像鼓面一样。那四根横绑的木棍高出手帕约五英寸作为四边的栏杆。

“呈请国王派一支二十四人的精骑兵，在这平坦如草原的手帕上操演。”

国王欣然同意了我的这项提议。

于是，我就用手把这些骏马一匹匹拿起来放到手帕上，每匹马上都坐着整装备操的骑士。

“各就各位，预备——开始！”

国王一声令下，他们马上分成两队，开始小规模的军事演习。一时戟箭齐发，刀剑出鞘，跑的跑，追的追，攻的攻，退的退，场面非常激烈，纪律相当严明，连我也看呆了。

“真是太棒了！”

国王更是高兴至极，命令这个游戏几天内反复表演。

“巨人山，你把我举到平台上去吧！”

一次操练时，国王诚恳地请求道。他甚至还费尽口舌说服王后，同意让我把她连人带轿同时举到离平台不到两码的高处，以便让她看到演习的全景。

这时，一名特使前来向国王禀报说：

“陛下，我们在巨人山最初登陆的地方，发现了一件庞然大物，样子十分古怪：圆圆的边缘，足有陛下的寝宫那么宽大，中间向上突起，足有一人那么高，有人爬到它的顶部跺脚顿足，才发现它里面是空的。”

“哦？”

“据我们判断，那东西很可能是巨人山的一件物品。要是国王陛下同意的话，我们用五匹马便可以把它拉回来。”

我当即就明白他们说的是什么，因为在我们的船只遇难的时候，我就用一根绳子把礼帽系在头上。后来我在海里游泳逃命时，不知怎么的，便把这顶帽子丢了。

“陛下，我恳请您发令，尽快把帽子拉回来！”我恳求道，并向国王陛下描述了帽子的用途和形状。

第二天，车夫们把帽子拉回来了。他们在距帽檐儿一英寸半的地方钻了两个洞，用钩子牢牢钩住洞眼，一条长绳的一端系住钩子，另一端套在马车上。就这样拉着我的帽子在地上跑了半英里的路程，幸好小人国的地面特别光滑平坦，我的帽子才不至于损伤得那么严重。

两天后，国王又想出了一个新主意，打算以一种十分奇怪的方式来取乐。他命令驻扎在京城内外的一部分部队做好演习准备，并申明：

“行军中必须严守纪律，充分地尊敬巨人山，违者处斩。”

演习那天，他就让我这个巨人站在那儿，两腿尽可能地分开，然后命令他的将军（一位经验丰富的老将，也是我的一位大恩人）集合队伍排成密集队形，从我的胯下行军。

步兵二十四人一排，骑兵十六人一排，擂鼓扬旗，手持长枪向前进。这是一支由三千步兵和一千骑兵组成的军队。

那些年轻军官从我胯下经过时，不时地抬起头来看，还发出阵阵哄笑。后来，连国王也乐了。原来，我的裤子已经破得不成样儿了。

在取乐国王的同时，我也不断地向他递交奏章，要求恢复自由。

三天后，瑞智沙来到我的住所，兴奋地对我说：

“太好了，巨人山，国王陛下已经批准了你的请求！”

“真的吗？耶，实在太好了！”

这个消息真是太令人振奋了，我高兴得差点儿跳起来了！

“当时在内阁会议上，我们全体阁员一致赞成还你自由，但还是有一人坚决反对，那就是斯开瑞什·博格兰姆！不过好在其他阁员都反对他，所以最后国王就批准了。”

“咦，我又没得罪过他，他为什么要跟我作对呢？”

这位大臣，我是有所耳闻的，他是当朝的海军大将，深得国王的信赖，也通晓国家事务，不过脸色阴郁易怒。

“这也是我搞不明白的地方！”瑞智沙耸了耸肩。

我想，以斯开瑞什·博格兰姆的性格，应该是不会这么轻易就罢手的。

果然不出所料，瑞智沙还有下文：

“尽管斯开瑞什·博格兰姆最终被说服了，但他坚持要求国王同意由他亲手起草你的释放条件书，还坚持让你在众人面前宣誓！”

“可恶，他肯定是想以释放条件来为难我！”我愤愤然道。

瑞智沙不置可否，跷着腿躺在我的手掌中，左右摇摆着他的小脚，一副安然自得的样子。

第二天，斯开瑞什·博格兰姆在两位次官与几位大臣的陪同下，亲手将释放文件交给了我。条文写得烦琐冗长而又咬文嚼字，其内容如下：

高尔博斯托·莫马仑·依夫拉莫·哥帝洛·谢芬·马利·尤利·古，利立普特国至高无上的国王，举世拥戴，无不畏惧；领土绵延五千布拉斯特格（周界约十二英里），边境直达地球四极；身高过人的万王之王，脚踏大地，头顶太阳；头一点，全球君王双膝颤；和蔼如春，舒适如夏，丰饶如秋，恐怖如冬。至高无上的吾王陛下，向不久前来到本天朝国土的巨人山提出如下条款，巨人山须庄严宣誓并遵照执行：

一、在没有加盖我国玉玺的许可证的情况下，不得擅自离开本境。

二、如无国王许可，不准擅入京城；如获特许则应在两小时前通知居民闭不出户。

三、只准在我国的主要大路上行走，不得随意在草地或农田里行走卧躺。

四、在上述大路上行走时，须绝对小心，以免伤及百姓和马车，未经允许更不能任意将本国国民拿在手里。

五、巨人山有义务每月跑完约六日路程，如遇需要特殊传递的急件，巨人山有责任将信使连人带马装进口袋，尽快把他们送到目的地，并将专使安全地送回到国王驾前

（如有必要）。

六、必须与我国结盟对抗布莱夫斯库岛上的敌人，竭力摧毁对方的侵略舰队。

七、闲暇时应协助工匠搬运巨石，建造花园围墙和其他皇家建筑。

八、须用两个月的时间，徒步测量，呈交我国疆域周长精确测量报告一份。

九、巨人山如果能郑重宣誓遵守上述各条文，每日可得相当于维持本国国民一千七百二十八人所需要的肉食、蔬菜和饮料，此外尚可随时拜谒国王，并享受其恩赐。

吾王登基以来第九十一月十二日于伯尔法勃拉克宫。

虽然其中有些条款不那么体面，但大致还可以接受！我高高兴兴地在条约上签上名，并郑重宣誓遵守上面所列的每项条件。

我按照自己国家的方式宣誓完毕后，斯开瑞什·博格兰姆转过脸，看都没看我一眼，说：

“你应按照我国神圣的法律所规定的方式宣誓才对！”

真是个狂妄无礼的“小人”！不过，我才不在乎呢，只要能早日摆脱这讨厌的枷锁就成了。

“一切悉听尊便，‘大人’！”我随口说道。

利立普特小人国的宣誓方式很奇特：先用左手托住右手手肘，再把右手中指置于头顶，大拇指则放在右耳的耳垂上——造型就像一个愚笨的思索者。不过也许咱们的宣誓仪式在他们眼里，也同样让他们捧腹大笑吧！

虽然有海军大将从中作祟，但最终我还是恢复了自由。恢复自由的当天，国王也赏光亲临了整个仪式。这使我感到很荣幸，我识相地跪伏在国王脚下表示感谢。

“希望你能做一名有用的臣仆，不枉朕已经赏赐和将要给你的恩典。”国王边说边令我站起来。

“是，陛下！”

当晚，国王陛下宴请群臣，当然也包括我。

晚餐过后，我问瑞智沙：

“嘿！你们是如何得出我每天吃东西的分量的明确数目的？什么足可养你们一千七百二十八人……”

瑞智沙那张满脸皱纹的小脸，露出非常得意的神情：

“我们皇室数学家们曾测量过你的身高不是吗？”

“嗯，是啊。”

“他们得出你和我们身长的比例是十二比一，当然还比较过体格的相同点和相异点，最后才计算出你每天所需食量，可以抵得上一千七百二十八个本国人的饮料和吃食。这下可明白了吗？”

我着实大吃一惊！这是一个多么富有智慧的民族，他们伟大的君王又有多么缜密、精确的经济头脑啊！

（宋兆霖/译）

阅读规划

章节	计划阅读 起止时间	精彩情节或阅读感悟	完成 情况
	月　日　时 至 月　日　时		
	月　日　时 至 月　日　时		
	月　日　时 至 月　日　时		
	月　日　时 至 月　日　时		
	月　日　时 至 月　日　时		
	月　日　时 至 月　日　时		
	月　日　时 至 月　日　时		
	月　日　时 至 月　日　时		
	月　日　时 至 月　日　时		

交流平台

1. 跟着格列佛去游历：在格列佛游历的国家中，主要发生了哪些故事？作者通过这些故事表达了怎样的寓意？请你把下面的表格补充完整。

国家	故事情节	寓意
小人国	①以鞋跟高低划分阵营，“高跟党”和“低跟党”为权力争斗不断。 ②因为“打鸡蛋从哪端开始”的问题，与邻国布莱夫斯库交战。 ③选拔官员全凭在绳上跳舞，谁在绳上跳舞跳得好、跳得高，谁的官就大。	嘲笑英国议会中的党派斗争和大臣的无能，影射英、法两国之间的连年征战。
大人国	①大人国的居民身高犹如铁塔，格列佛被大人国的一位农夫当作玩物带回，装入手提箱里，带到各城镇表演，让他耍把戏，供人观赏。 ②格列佛向国王夸耀自己祖国的伟大，政治的贤明，法律的公正，遭到制度古朴、民风淳朴的大人国国王的抨击与驳斥。	
飞岛国		讽刺了想入非非的伪科学家。
慧骃国	在这个乌托邦国度里，马是理性的载体，而人形动物“耶胡”则是邪恶肮脏的畜生。	

2.《鲁滨孙漂流记》和《格列佛游记》两部作品的主人公都有过漂流的经历，但是他们又有着不同的性格特点，你能结合作品说说他们的相同点和不同点吗？

契诃夫短篇小说选

⊙〔俄国〕契诃夫

阅读导航

契诃夫（1860—1904），俄国作家，著名的批判现实主义艺术大师，世界三大短篇小说家之一。他虽然只在人世间停留了短暂的四十四个春秋，却给世人留下了许多脍炙人口的短篇小说。他以现实主义手法描写俄国人民的日常生活，塑造具有典型性格的小人物，真实反映当时俄国社会的状况。

由于契诃夫早年的坎坷经历和早期生活环境的影响，他对于当时俄国的市井习气非常了解，并且有着自己深刻的体会，因而，他将创作对象大多定位在日常生活中的小人物身上。他的短篇小说，如《胖子和瘦子》（1883）、《小官吏之死》（1883）、《凡卡》（1886），这些作品再现了“小人物”们的不幸和软弱，将劳动人民的悲惨生活和小市民的庸俗嘴脸一览无遗地呈现在读者面前。

契诃夫以其卓越的讽刺幽默才华著称，他的小说短小精悍，简洁朴素，结构紧凑，笔调幽默，语言明快而又寓意深刻。其作品有着“文短气长”的简洁，这主要得力于他在揭示人物性格时一针见血的形象化点染及开门见山的写作手法。

《契诃夫短篇小说选》代表了契诃夫不同时期的创作成就，具有很高的艺术成就，而其对丑恶的鞭挞，让我们看到了人性的诸多弱点，给我们以警示，予我们以思考，指引我们树立正确的人生观、价值观。

精彩选篇

在理发店

早晨，还不到七点，马卡尔·库兹米奇·布列斯特金的理发店就开门了。店主人很年轻，二十三岁上下，没有洗脸，有些邋遢，穿着倒挺入时。他正在收拾打扫。其实没什么可打扫的，他却忙活得出汗了。他用抹布在这儿擦一下，用手指在那儿抹一下，在另一边又发现了只臭虫，把它从墙上划拉下来。

理发店狭小局促，不太干净。圆木搭成的墙糊着壁纸，使人想起马车夫褪色的衬衫。墙上有两扇窗户，窗玻璃昏暗，仿佛泪水淋漓。一扇小门，门板很薄，开关时吱吱有声，一副破败的样子。门上方拴着个小铃铛，因潮气侵蚀变得颜色发绿，偶尔颤动，无缘无故就发出病态的丁零声。一面墙上挂着镜子，您若朝镜子里照照，里面的相貌便七扭八歪变得丑陋不堪！顾客对着这面镜子理发、刮脸。旁边有张不干净的小桌子，也像马卡尔·库兹米奇一样不修边幅。桌上摆着各种理发用具，梳子、剪刀、剃刀、廉价的扑粉、便宜而且掺了很多水的花露水，应有尽有。整个理发店里的东西满打满算价值不超过十五个卢布。

这时候，门上方的小铃铛发出了病恹恹的响声。一个上了年纪的男人走进了理发店。只见他身穿皮袄和毡靴，脑袋和脖子上围着一条女人用的披巾。

这人是艾拉斯特·伊凡内奇·亚戈多夫·马卡尔·库兹米奇

的教父。以前他当过看门人，现在住在赤塘附近，会钳工手艺。

“马卡鲁什卡，你好呀，亲爱的！”他对专心打扫的马卡尔·库兹米奇说。

两个人相互亲吻。亚戈多夫从头上摘下披巾，坐下来。

“路好远啊！”他喘着气说，“这是闹着玩儿的吗？从赤塘一直走到卡卢加门。”

“您近来生活好吗？”

“不好啊，孩子。我得了场病，发烧。”

“您说什么？发烧！”

“是的，发烧。我躺了一个月，以为自己要死了。现在头发倒长出来了。大夫叫我理发。他说还会长出新头发，很硬的头发。我心里就琢磨了：到马卡尔那儿去一趟吧。与其找别人，还不如找亲人好呢。亲人理得好，还不要钱。路是稍微远了点儿，这倒是实情，不过话说回来，这有什么关系呢？只当是出来溜达一趟吧。”

“很高兴为您效劳。请吧！”

马卡尔·库兹米奇双脚并拢，指指椅子。亚戈多夫坐下，朝镜子里看看，对镜子里的面貌倒也满意：镜子里映出一张又歪又丑的脸，两片卡尔梅克人的嘴唇，扁平的宽鼻子，两只眼睛跑到脑门儿上去了。马卡尔·库兹米奇拿过带着黄色斑点的白罩巾来披在顾客肩膀上，开始用剪刀剪头发。

“我给你剪得光光的，露出头皮来！”他说。

“那自然好。最好剪得像个炮弹壳。再长头发才密实。”

“伯母近来身体好吗？”

“跟过去差不多，马马虎虎。前些日子给少校太太接生。人家给了一个卢布。”

“不错啊！一卢布。请您按住您的耳朵！”

“我按住了……当心啊，可别剪着我的耳朵。哎哟，好痛！你在生拔我的头发呀。”

“不是成心的。干我们这一行，难免要出点儿差错。顺便问一声，安娜·艾拉斯托芙娜近来好吗？”

“我女儿？挺好，蹦蹦跳跳的。上一周，星期三，我们把她许配给舍伊根了。怎么，你没有来？”

剪刀的咔嚓声停住了。马卡尔·库兹米奇双臂下垂，吃惊地问：“把谁许配人家了？”

“安娜呀。”

“怎么能这样啊？许配给谁呀？”

“给舍伊根，也就是普罗科菲·彼得罗夫。他姑妈在兹拉托乌斯金斯基街给人当女管家。那是个好心肠的女人。真的，我们都挺高兴，谢天谢地。过一周就举办婚礼。你来吧，咱们喝几杯乐一乐。”

“可怎么能这样呢，艾拉斯特·伊凡内奇？”马卡尔·库兹米奇脸色苍白地说。他神情惊讶，耸了耸肩膀：“这怎么可能呢？这……说什么也不行！要知道安娜·艾拉斯托芙娜……因为我……因为我对她有情意。怎么能这样呢？”

“就是这样嘛。我们认准了就把她许配给人家了。男方人挺好的。”

马卡尔·库兹米奇脸上冒出了冷汗。他把剪刀放在小桌子上，举起拳头揉搓着鼻子，说：“我早就对她有情意……这不行，艾拉斯特·伊凡内奇！……我……我爱上了她，而且求过婚了……连伯母都答应了。我素来敬重你们，简直就把你们当成我的亲生父母……给您理发也从来都不要钱。我经常为您效力，我老爹去世，您搬走了一张沙发，还拿走十个卢布，后来一直也没还。您还记得吗？”

“怎么不记得！我没忘记。不过，马卡尔，你哪一点配做新郎呢？难道你有资格做新郎？没钱，又没地位，这个手艺能有什么出息？……”

“那么舍伊根是有钱的财主？”

“舍伊根在合作社里入了股。他投入的基金就有一千五百卢布。事情明摆着，孩子……不管你想得通还是想不通，反正那件事已经定了，没有挽回的余地，马卡鲁什卡。你给你自己另找个媳妇吧……天无绝人之路。好，理发吧！干吗直挺挺地站着呢？”

马卡尔·库兹米奇默不作声，呆呆地站在那儿不动，随后从口袋里掏出块小手绢，呜呜地哭起来。

“得啦，哭什么呢！”艾拉斯特·伊凡内奇安慰他说，“算了，别哭了！号啕痛哭，像个娘儿们似的！你先给我剪完头发，然后再哭也不迟。把剪刀拿起来吧！”

马卡尔·库兹米奇拿起剪刀来，茫然地看了它一分钟，随后一下没拿稳，剪刀掉在小桌子上。他的手簌簌颤抖着，说："不行，我没法儿干活儿了！浑身没有力气！我可真倒霉啊！安娜也可怜！我们俩相亲相爱，彼此已经约定，谁能料到，现在被没有良心的人们残忍拆散了。您走吧，艾拉斯特·伊凡内奇！我不想看见您。"

"那我明天再来，马卡鲁什卡。明天你给我剪完头发。"

"好吧。"

"你消消气吧，明天我再来找你，一大早就来。"

艾拉斯特·伊凡内奇剪了一半头发，半边脑袋露着头皮，像个苦役犯似的。他这种样子让人看见很丢脸，但是又没有别的办法，他只好拿起披巾来围在头和脖子上，随后走出了理发店。这时候店里只剩下马卡尔·库兹米奇一个人，他就坐下来继续呜呜咽咽。

第二天一大早，艾拉斯特·伊凡内奇又来了。

"您有何贵干？"马卡尔·库兹米奇冷冰冰地问道。

"你把我的头发剪完吧，马卡鲁什卡。还剩下半边头发没剪呢。"

"那就请您掏钱吧。我不能白白理发。"

艾拉斯特·伊凡内奇一句话没说扭身就走了。很长时间他的脑袋都是半边头发长，半边头发短。花钱理发，他认为太奢侈，他一直等着剪过发的半边脑袋上再长出头发来。就连在婚礼上他也是这副模样儿满不在乎地走来走去。

一八八三年

（谷羽/译）

阅读规划

篇目	计划阅读 起止时间	精彩语段摘抄或个人感悟	完成 情况
	月 日 时 至 月 日 时		
	月 日 时 至 月 日 时		
	月 日 时 至 月 日 时		
	月 日 时 至 月 日 时		
	月 日 时 至 月 日 时		
	月 日 时 至 月 日 时		
	月 日 时 至 月 日 时		
	月 日 时 至 月 日 时		
	月 日 时 至 月 日 时		

交流平台

1. 读完《契诃夫短篇小说选》后，你印象比较深的人物有哪些？给你感兴趣的人物画像，并写出几个描述该人物的词语，结合原文进行细致分析。

____

____

2. 请选择其中一篇小说，仿照示例，以思维导图的形式呈现文中的关键事件，分享你的阅读成果。

示例：

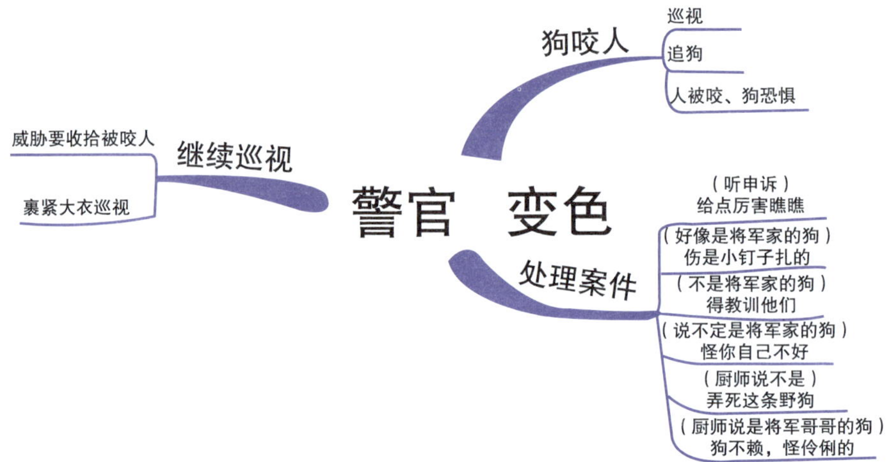

3. 契诃夫以卓越的幽默讽刺才华为世界文学人物画廊增添了不朽的艺术形象，他的名言“简洁是天才的姊妹”也成为后世作家孜孜追求的座右铭。你最欣赏他作品的什么特点？请用一个词概括，并结合文本进行分析。

敬　启

为编好这本书，我们与收入本书的作品（含图片）作者进行了广泛联系，得到了各位作者的大力支持。在此，我们表示衷心的感谢。但是，由于个别作者地址不详，虽经多方努力，仍无法取得联系。敬请各位有著作权的作者尽快与我们联系，以便我们支付稿酬，并致谢忱！

我们还要感谢使用本书的师生们。希望你们在使用本书的过程中，能够及时把意见和建议反馈给我们，对此，我们深表谢意，并将给予一定奖励。让我们携起手来，共同完成本书的建设工作。

联 系 人：梁老师　张老师

联系电话：010-58022100

联系邮箱：ztxx2008@sina.com

网　　址：http://www.ywztxx.com

地　　址：北京市海淀区知春路7号致真大厦A座18层

图书在版编目（CIP）数据

经典中漫步 / 徐名印主编. — 上海 : 上海教育出版社, 2021.6
ISBN 978-7-5720-0819-1

Ⅰ. ①经… Ⅱ. ①徐… Ⅲ. ①阅读课—初中—教学参考资料 Ⅳ. ①G634.333

中国版本图书馆CIP数据核字（2021）第142049号

责任编辑 张嘉恒 李光卫
封面设计 陈丽娟 王艺霖
著作权人 北京华樾教育科技有限公司

经典中漫步
徐名印 主编

出版发行 上海教育出版社有限公司
官 网 www.seph.com.cn
地 址 上海市永福路 123 号
邮 编 200031
印 刷 阳谷毕升印务有限公司
开 本 720 × 1010 1/16 印张 66
字 数 900千字
版 次 2021年8月第1版
印 次 2021年8月第1次印刷
书 号 ISBN 978-7-5720-0819-1/G · 0635
定 价 268.00元

如发现质量问题，请向本社调换 电话 021-64377165